SOJU, EMBROUILLES ET QUIPROQUOS

ÉDITION ILLUSTRÉE

SHINY ANRO

SOJU, EMBROUILLES ET QUIPROQUOS

Tout est parti d'un quiproquo.

Rien n'est ma faute, je le jure !

Ce soir-là, dans le bar, j'ignorais que je parlais à mon futur patron.

Et pour tout vous dire, j'ai des circonstances atténuantes.

Je venais de vivre la pire soirée de ma vie...

... Et aussi, j'étais saoule...

... Et il était gentil et diablement canon...

Ça compte, ça, non ?

En tout cas, je pensais avoir toucher le fond, mais à première vue je me trompais...

~

MOT DE L'AUTEUR

 Merci d'avoir acheté « Soju, embrouilles et quiproquos » et de soutenir ainsi mon travail.

Humour, tranche de vie et romance légère sont au programme de ce court roman.

Bonne lecture et n'hésitez pas à découvrir mes autres textes, dont *Mariée à un prince impérial* et *Dans les bras de mon ennemi*.

Le premier tome *Mariée à un prince impérial* est disponible en ebook et en format papier. En attendant la suite et si vous voulez lire mes autres histoires en cours d'écriture, n'hésitez pas à me retrouver en ligne !

Tous les liens sont sur : www.shinyanro.com

 — SHINY ANRO

CHAPITRE
UN

~

QUELLE FÊTE DÉBILE !

Bon anniversaire, Eun-hee !

C'est une des pires où il ne m'a jamais été donné d'assister et, croyez-moi, les mots sont très en dessous de la vérité.

Mais le pire du pire, c'est que je me sens comme une dinde.

Une dinde qui a mal aux pieds qui plus est, puisque les satanées ballerines que j'ai achetées ce matin en prévision de cette fête sont en train de réduire mes pieds à deux ampoules géantes et douloureuses.

Pourtant, sur le papier, les choses étaient censées se dérouler à merveille.

Il me suffisait de me rendre à cette fête d'anniversaire que mes parents organisaient en mon honneur et de profiter de la soirée.

Et ce, d'autant plus que je venais enfin de décrocher un nouveau travail qui commençait le lendemain. De quoi être doublement heureuse.

Au lieu de cela, tout n'a cessé d'aller de travers.

Et ce n'est rien de le dire.

Revenons quelques heures en arrière, histoire que vous compreniez à quel point ma vie est un désastre.

Je m'étais pourtant fait une promesse : cette fois, tout se passera bien.

D'autant plus que je ne serai pas seule chez mes parents. Il y aura aussi le reste de la famille (ce qui n'est pas forcément une bonne chose) et mes amis (ça, c'est une bonne chose).

Comme les anniversaires sont en quelque sorte des jalons qui marquent notre vie et qu'ils sont des occasions pour nous de faire un bilan et de redéfinir nos objectifs (j'ai lu cela dans un des magazines de la salle d'attente de mon dentiste), j'ai décidé que j'allais m'offrir un nouveau départ. Ou du moins, que j'allais tout faire pour que c'en soit un.

Autrement dit :

• Je resterai calme et détendue et je ferai mon possible pour donner l'impression que je suis heureuse d'être là.

• Je ne renchérirai pas face aux provocations d'Eun-jae, ma sœur.

• Je ne répondrai pas aux insinuations malvenues de Tae-hyun, mon beau-frère.

• Je me montrerai respectueuse et à l'écoute de tante Ae-lys (ce n'est pas son vrai nom, mais elle y tient, car ça fait, je la cite « trop stylé »), même si elle est toujours aussi frappadingue.

Je suis arrivée dans l'après-midi.

Et comme à chaque fois que je retourne dans la demeure familiale, je me suis émerveillée devant le paysage familier qui s'étire en contrebas du hanbok de mes parents : un écrin de verdure encadré par de hauts arbres, perdu au milieu d'un des quartiers les plus huppés de Séoul. Et comme le jour commençait à décliner, toute cette splendeur s'étalait devant moi dans une lumière irréelle, qui lui donnait des allures de contrée de contes de fées au pays des gratte-ciel.

Et c'est à ce moment-là que j'ai eu l'idée de ma vie : celle d'enlever mes lunettes. Je sais, ça peut paraître idiot, mais j'avais de bonnes raisons de le faire.

D'accord, c'était d'abord un geste de pure coquetterie : je me trouve plus jolie sans lunettes.

Mais c'était aussi un geste de préservation que toute personne myope comprendra : je me sentais plus à même d'affronter la réalité que j'avais du mal à la voir. Quiconque a déjà vu flou sait ce que cela veut dire, ce sentiment de protection dû au fait que tout ce qui vous entoure semble imprécis et donc peu menaçant. C'est un peu comme si la réalité, en perdant ses contours et ses détails, devenait moins intimidante.

Croyez-moi, c'est bien moins stressant de vous faire critiquer par une tache brunâtre qui, si vous plissez légèrement les yeux, ressemble à une crotte de chien portant un chapeau que si la crotte de chien en question est le visage moqueur de votre horrible beau-frère Tae-hyun et, le chapeau, sa coupe de cheveux impeccable à 300 euros.

D'ailleurs, quand on parle du loup...

— Frangine ! (Tae-hyun est le seul à m'appeler comme cela et ça m'insupporte. Il le sait, donc forcément il continue). C'est toi la reine de la fête aujourd'hui !

— Salut, Tae-hyun !

Cette fois, il ressemble juste à une silhouette floue. Pas de chapeau, pas d'aspect de caca. Dommage. Il porte un pantalon foncé et une chemise pastel avec ce qui ressemble, dans mon univers flou, à une sorte de boa et qui est plus probablement un pull jeté négligemment sur ses épaules. Il se penche un peu trop près et les effluves de son eau de Cologne hors de prix manquent de me faire tourner de l'œil.

— Tu as vu ça ?

Il agite son bras devant mon visage et j'y distingue un éclat métallique doré. Vu d'ici, je jurerais qu'il s'agit d'un bracelet en or pour femme et la seule idée de Taehyun ayant viré sa cuti manque de me faire éclater de rire tant cela me paraît improbable.

Heureusement, il prend ma joie contenue pour de l'admiration.

— Et comme tu t'en doutes, c'est une vraie ! Je l'ai fait venir directement de Suisse, Rolex n'en a fabriqué qu'un nombre limité. Comment tu la trouves ?

— Impressionnante.

— Devine combien elle coûte.

— Euh... Vingt millions de won ?

Il éclate de rire.

— Il n'y a que toi pour sortir des trucs comme ça. Si cette montre valait vingt millions de won, crois-moi, j'en aurais toute une collection ! Elle vaut cinq fois ça et... encore, tu dois convertir en franc suisse...

J'en reste sans voix. Qui peut bien s'acheter une montre à plus de cent millions alors que j'ai du mal chaque mois à m'acquitter de mon loyer qui compte beaucoup de zéros en moins ? Pour le coup, je suis bien contente d'avoir enlevé mes lunettes et de ne pas voir à quoi ressemble la montre en question.

— Mais tu me connais, je ne l'ai jamais payée ce prix-là. J'ai réussi à avoir un prix.

Et c'est le moment que choisit tante Ae-lys pour entrer en scène.

Maigre, les cheveux lâches, vêtue d'une robe blanche longue et vaporeuse que j'espère ne pas être une chemise de nuit, elle a tout d'un fantôme.

— Te voilà, Eun-jae ! braille-t-elle en tendant vers moi un doigt maigre et menaçant. Tu n'arrêtes pas de me fuir. Je veux que tu me donnes à boire et pas cette bière dégueulasse et sans goût que vous me réservez tous. Si je voulais de la pisse de chat, je serais allée à la soirée bingo du quartier.

— Moi, c'est Eun-hee, tante Ae-lys.

Elle s'approche et soulève une mèche de mes cheveux tout en examinant mon visage.

— Je me disais bien que tu avais l'air trop sympathique pour être l'autre. Pourquoi tu viens t'emmerder ici ?

— C'est mon anniversaire, tantine.

Elle fusille Tae-hyun du regard :

— Et celui-là, c'est ton petit ami ?

— Non, c'est Tae-hyun, tu le connais, c'est le mari de Eun-jae.

— Ah, je me disais bien que je l'avais déjà vu quelque part. Bon, faut que tu me donnes à boire. Ils font tous comme s'ils n'étaient pas au courant, mais je vois bien qu'ils sont de mèche pour me filer ça.

Et elle brandit brusquement une bouteille de bière sans alcool, qui, mue par l'élan trop vif de son geste, crache une lampée de bière pile sur le poignet de Tae-hyun... et autant sur sa montre hors de prix.

— Mais faites un peu attention, la vieille, s'écrie-t-il.

— Oh, ça va, lui rétorque l'ancêtre en m'attrapant le bras, indifférente à la colère de Tae-hyun. Eun-hee, faut que tu m'emmènes au petit coin.

Et voilà, je suis déjà l'otage de ma tante folle. Et préposée à ses besoins liquides : bière et pipi. Par contre, elle ne peut pas savoir comme je lui suis reconnaissante pour le coup qu'elle vient de faire à Tae-hyun. Il ne va pas s'en remettre de la soirée, ce qui veut dire que je vais échapper à tous ses sous-entendus mielleux concernant ma vie de ratée.

En parlant de sous-entendus mielleux...

— Eun-hee !

C'est Eun-jae, ma sœur prodige, celle à qui tout réussit.

— Laisse-moi te débarrasser de ton manteau.

À chaque fois, Eun-jae me fait le coup de se comporter en parfaite maîtresse de maison chez mes parents, me traitant comme si je n'étais rien de plus qu'une invitée occasionnelle.

Et ça ne s'arrête pas là. La petite compétition qu'elle a lancée afin de mesurer sans cesse laquelle de nous était la fille parfaite (elle évidemment) est pipée depuis le départ.

Voilà un peu plus d'un an, Tae-hyun et elle ont emménagé à cinq kilomètres d'ici, dans ce qui est devenu aujourd'hui une banlieue hors de prix (sauf pour Tae-hyun). Du coup, Eun-jae passe tout son temps libre avec mes parents qui finissent par se plaindre de me voir trop rarement.

Le pire, c'est que j'ai l'impression qu'ils pensent que c'est de ma faute. Comme si je faisais exprès de ne jamais aller les voir.

— C'est le même que l'année passée, remarque Eun-jae en prenant mon manteau. Il faudrait que tu le changes.

— C'est prévu, dis-je en me détestant, car une fois de plus elle me donne le sentiment d'avoir à me justifier. Je le ferai dès que j'aurai reçu mon premier salaire.

— C'est vrai ! Maman me l'a dit, félicitations. Et qu'est-ce que tu vas faire exactement ?

— Assistante dans une société de relations publiques.

— A-ssi-stan-te, s'écrie-t-elle en prononçant bien chaque syllabe, tout un programme dis donc !

— Oh, elle ne peut pas la fermer avec sa voix criarde, celle-là ? râle Ae-lys. On a autre chose à faire que parler mode et secrétariat.

Eun-jae se contente d'ignorer la remarque de notre tante, appliquant à la lettre la ligne de conduite qu'elle s'échine à suivre chaque fois que celle-ci est dans les parages. Mais je peux voir à son sourire embarrassé qu'elle est vexée. D'ailleurs, avec ses lèvres pincées et son nez froncé, on dirait qu'elle essaye d'échapper à une mauvaise odeur, comme si quelqu'un avait pété et qu'elle s'évertuait à ne pas le remarquer.

— Il faut toujours qu'elle se mette en avant à toutes les sauces, celle-là, continue notre tante. C'est comme le blanc-bec de tout à l'heure. Rien que des vantards pas fute-futes pour deux sous. Ils devraient se mettre ensemble.

— Tantine, dis-je, Tae-hyun est le mari de Eun-jae, ils sont mariés.

— Pas étonnant !

— Tu devrais surveiller ton langage, tante Ae-lys, crache Eun-jae. Je vais tout raconter à papa et à la fin il te bouclera en maison de repos.

— Bon Dieu, fait la vieille dame. Non seulement elle cafte, mais en plus, elle est niaise.

Je profite de la diversion pour tirer sur le bras de ma tante afin de l'emmener plus loin.

— Viens, tantine, je te montre où se trouvent les toilettes.

— Franchement, ajoute-t-elle, je ne sais pas comment tu as fait pour la supporter toutes ces années !

Pour toute réponse, je lui tapote le bras. Après tout, je me suis promis de ne pas surenchérir face à Eun-jae.

— Ma chérie ! s'écrie une voix féminine dans notre dos.

Je me retourne en me disant qu'à ce rythme-là, je ne

me débarrasserai jamais de Ae-lys et que — pire ! — elle risquerait de finir par se faire pipi dessus. Et je ne doute pas un seul instant qu'elle en est capable.

— Maman.

Et en la voyant, j'ai un petit pincement au coeur. Elle ressemble à s'y méprendre à une copie plus âgée de Eun-jae. Elle arbore même une coiffure identique à celle de ma soeur.

Même Ae-lys s'y laisse tromper, car elle grommelle « Revoilà l'autre. »

— C'est tellement rare de te voir, fait ma mère en me prenant dans ses bras alors que je ne peux pas m'ôter de l'esprit qu'elle a insisté lourdement sur le mot « rare. »

— Bon, c'est bientôt fini, tout ça ? Il y en a qui ont besoin d'aller au petit coin.

J'esquisse un sourire gêné à maman.

— Je conduis tante Ae-lys aux toilettes et je te rejoins après.

Elle me caresse la joue comme si j'étais un chat (ma mère adore les chats, elle en a au moins une dizaine).

— Tu as toujours été trop gentille. Je serai dans la cuisine.

Sur un hochement de tête entendu, elle m'incite à y aller.

Je reprends le bras d'Ae-lys et l'entraîne dans l'escalier.

— Ce n'est pas trop tôt, lâche celle-ci.

Arrivée à l'étage, mon regard se pose sur le buffet qui

est en vis-à-vis de l'escalier et mon cœur se rétracte à la vue des photos qui y sont posées. Que des photos de mes parents et... d'Eun-jae. Il y en a même une où ils sont tous les quatre avec Tae-hyun et... pas une seule de moi.

— Tu prends racine, ou quoi ? me demande Ae-lys.

Je secoue la tête.

— Excuse-moi.

Elle suit mon regard et commente :

— Bah, laisse-les. Tu vaux mieux que tout ça.

Et je ne peux m'empêcher de soupirer tout en me demandant à quoi ma tante peut bien faire allusion.

Nous longeons le couloir et arrivons devant la porte de la salle de bain.

Des bruits étouffés nous parviennent.

— On dirait que quelqu'un s'envoie en l'air là-dedans, fait Ae-lys.

Je tourne le bouton de porte et aussitôt mes yeux s'arrêtent sur une ombre d'un rose fade qui remue en rythme.

Pas besoin de lunettes pour deviner qu'il s'agit d'une paire de fesses et que le mouvement que nous venons d'interrompre est celui de quelqu'un en plein acte.

— Ah ben ça, lâche Ae-lys à côté de moi, c'est le pompon.

Puis s'élève une voix que je connais bien. Une voix que je reconnaîtrais entre mille.

— Eun-hee, ce n'est pas ce que tu crois.

Ces mots, c'est Ki-hoon qui vient de les prononcer. Ki-hoon, mon petit ami.

Ensuite, tout s'est passé très vite. Trop vite, même.

J'ai tout simplement pris mes jambes à mon cou. J'ai traversé la fête en ignorant Ha-ra, ma meilleure amie, qui m'interpellait joyeusement.

Je suis sortie sans reprendre mon manteau élimé dont Eun-jae s'était moquée. Et j'ai démarré en trombes sans avoir remis mes lunettes, ce qui n'était probablement pas l'idée du siècle. Mais sur le moment même, je ne me suis même pas rendu compte que le monde était flou, sans doute parce que je pleurais et que, lunettes ou pas, ma vision aurait de toute façon été brouillée.

Le problème, dans les quartiers résidentiels huppés, c'est de trouver un endroit où tout oublier.

Et près de chez mes parents, si on veut éviter le café du quartier où tout le monde se connaît, il ne vous reste que l'hôtel situé en bordure de la voie rapide qui mène au centre de Séoul.

Lieu classe et impersonnel où j'avais décidé d'échouer.

Je venais de me parquer quand mon téléphone s'est mis à sonner. J'ai regardé le correspondant. Ki-hoon. J'ai rejeté l'appel.

Puis, alors que j'étais en train de défaire ma ceinture,

mon portable s'est remis à sonner. Cette fois, c'était Hara. La mort dans l'âme, j'ai aussi rejeté son appel et j'ai éteint mon téléphone.

J'avais besoin d'être seule et, accessoirement, j'avais aussi besoin d'une bonne dose d'alcool.

Et pour cela, il ne me restait qu'une seule chose à faire : rentrer dans cet hôtel et m'installer au bar.

DEUX

~

ALORS QUE JE suis assise au bar de l'hôtel, juchée sur une chaise haute dans cet endroit un poil trop classe pour moi, je ne peux que contempler le désastre qu'est ma vie.

Tout cela alors que je porte ces ballerines ridicules qui me flinguent les pieds, que mon mascara a sans aucun doute bavé et que j'ai le nez rouge. C'est mon anniversaire et je le passe seule ici dans ce lieu impersonnel. Je me fais traiter comme une étrangère par ma propre sœur, rabaisser par son mari, culpabilisée par ma mère. Et mon petit ami me trompe dans la maison de mon enfance avec Dieu sait qui.

Je me sens nulle.

La seule chose bien qui me soit arrivée, c'est que je commence mon nouveau travail demain. Mais même ça,

Eun-jae a réussi à le rendre merdique. J'entends encore la façon dédaigneuse dont elle a prononcé « A-ssi-stan-te » et j'ai la nausée.

— Je vous sers quelque chose ? me demande le barman.

— Une bouteille de soju.

Ce qui est une très mauvaise idée vu qu'un seul verre de cet alcool diabolique suffit à me faire tourner la tête. Mais à l'heure qu'il est, je m'en fous.

— Je ne vous ai pas déjà vu ?

Je soupire. Ça ne rate jamais. Au moins une fois par jour, il faut qu'on me pose la question. Fatiguée de cette journée, je résous la question pour lui :

— Je ressemble à une actrice.

— Oui, s'exclame-t-il. Celle qui joue dans ce drama avec une équipe d'avocats.

— À votre service, dis-je du bout des lèvres en me demandant combien de personnes au monde ont bien pu voir cette série. Je ressemble à Woon So-hee, une ancienne idole que pratiquement personne ne connaissait jusqu'à son rôle l'année dernière dans un drama populaire. Heureusement, comme elle ne joue que de seconds rôles, sa célébrité reste assez modeste.

Satisfait, le barman disparaît et quelques minutes plus tard, il dépose devant moi un verre et une bouteille d'un vert prometteur d'oubli.

Alors que j'ouvre mon sac à la recherche de mon portefeuille, le barman m'arrête d'un geste :

— Le monsieur là-bas s'est proposé de vous l'offrir.

Je tourne la tête dans la direction qu'il indique, geste totalement inutile puisque je ne porte toujours pas mes lunettes et que, dans l'atmosphère tamisée de l'hôtel, je ne distingue absolument rien, pas même une silhouette.

Afin de ne pas paraître ridicule, j'adresse un signe de tête à ce que j'espère être une silhouette et non un portemanteau.

Et ensuite, je m'enfile tristement verre après verre le contenu de ma bouteille, les siphonnant un peu trop vite pour que toute cette soirée ne finisse pas en parfait désastre — même si j'ai du mal à imaginer en quoi cela pourrait être pire.

Mais je me trompais. À croire que le karma est une fichue mauvaise blague et que j'ai dû être une vraie raclure dans une de mes vies antérieures, car bien que je l'ignorais encore, les choses n'allaient pas tarder à empirer.

— Vous êtes sûre que tout va bien ? A demandé une voix à côté de moi.

Pour toute réponse, je me contente de hausser les épaules:

— Je suis désolée. C'est juste que... La journée a été longue.

— Ça en a tout l'air.

Je lève la tête vers mon interlocuteur et je n'y crois

pas ! il est à tomber. J'essaye de ne pas le dévisager trop longuement, ce qui est plutôt difficile quand vous ne portez pas de lunettes et que la personne qui vous fait face se trouve en bordure de votre zone de vision nette. Pour faire bonne mesure, j'ajoute :

— Merci pour le verre.

— Oh, c'est tout naturel. Vous aviez l'air d'en avoir besoin.

— Ça, c'est plus que vrai.

Sur quoi, l'alcool aidant, je me remets à pleurer et à renifler, sans la moindre classe.

— Vous devriez peut-être manger quelque chose ? propose l'inconnu d'une voix où je sens poindre son malaise.

Je me mets à hoqueter. Incroyable cette façon dont je perds tout contrôle sur mon corps et, pour faire bonne mesure, je croasse :

— Aujourd'hui... Aujourd'hui, c'est mon... anniversaire.

— Tout n'est donc pas perdu.

Et il fait glisser vers moi un bol apéritif rempli d'olives qu'il vient de demander au barman.

Et sans savoir pourquoi, je vide mon sac :

— Bien sûr que si ! Ma vie fiche complètement le camp. Mes parents préfèrent ma salope de sœur. Ils l'ont toujours préférée d'ailleurs, alors qu'elle n'en rate jamais une pour me rabaisser. Mon beau-frère me rappelle à chaque fois que je le vois que je suis une ratée et, pour couronner le tout, mon petit ami ne trouve rien de mieux que me tromper le jour de mon anniversaire alors que toute ma famille et mes amis sont à la fête. Ma vie entière est un désaaaaastre !

— En effet, tout cela a l'air compliqué, fait mon nouvel ami, totalement dérouté.

Mais je ne fais pas attention à lui et je poursuis, avide de vider enfin mon sac de tout ce qui me pèse et me pourrit la vie :

— Et comme si ça ne suffisait pas, maintenant je me mets à boire et je vais finir comme ma tante folle...

... Il paraît que l'alcoolisme peut être héréditaire...

... Tout le monde trouve que je ressemble à Woon So-hee...

... Le chemisier préféré de maman que j'ai décoloré en mauve sans le faire exprès et que j'ai dû jeter par peur qu'elle s'en aperçoive...

... Elle me demande sans cesse de le lui rapporter...

... Mon père que je déçois constamment. Pour lui, faire carrière est si important, il voudrait tant que je ressemble à Eun-jae...

... Eun-jae qui est si parfaite et qui a toujours refusé de m'aider pour quoi que ce soit, même pour garder mon chien malade quand je devais me rendre à un entretien d'embauche...

... Et le chien est mort...

... Et Ki-hoon était un petit ami totalement nul. Qu'il ait pu me tromper me fait encore plus mal que s'il avait été incroyablement canon, riche ou intelligent...

... Je suis sortie avec Ki-hoon par dépit. Il m'a toujours couru après, depuis qu'on était au collège, et j'ai fini par céder, car mon ex venait de me larguer pour son meilleur ami. Oui, SON, pas SA meilleure amie...

... Et je l'aimais bien ce garçon, sauf que maintenant il dit c'est en étant avec moi qu'il a découvert qu'il n'aimait pas les filles. Alors, je ne sais pas, j'ai eu besoin d'être rassurée...

... Je commence demain un nouveau boulot, pour lequel j'ai menti sur l'intitulé de mon diplôme afin de l'obtenir...

J'en suis à ma troisième bouteille de soju et pour être franche, j'ai des doutes quant à ma capacité à tenir debout plus de trois secondes si je venais à quitter mon siège. Mais l'alcool aidant, tout y passe. Je parle sans aucun filtre, comme Tante Ae-lys 100% du temps. Depuis mon poisson rouge que Eun-jae a jeté dans les toilettes à l'avis de cette même Eun-jae sur mon manteau datant de l'année dernière.

Et je dois dire que ça fait du bien, même si l'inconnu à côté de moi a l'air complètement dépassé par la situation.

M'en rendant compte, je me reprends :

— Je suis désolée de vous avoir infligé tout cela, vous auriez dû m'interrompre.

— Je crains que vous ne m'en ayez pas laissé l'occasion. Je vais vous appeler un taxi, vous n'êtes pas en état de conduire.

Alors qu'il s'éloigne, tout ce que je trouve à dire, c'est :

— Oui, merci.

Il réapparaît au moment où je tente l'expérience de tenir sur mes jambes. Et je dois dire que c'est un peu plus compliqué que dans mon souvenir.

Alors que la terre se met à tanguer un peu trop violemment, je sens un bras ferme et solide m'attraper par la taille et me soutenir. Je capte alors un effluve de son parfum.

Un parfum discret, masculin, qui sent la pluie en été et le cuir.

Mes yeux accrochent les siens et, sans réfléchir, je lui murmure :

— Je vous trouve beau.

Il prend un air gêné.

— Merci. Votre taxi ne devrait plus tarder.

— S'il vous plaît, embrassez-moi.

— Vous avez bu, dit-il, ahuri.

— Quel sens de l'observation !

Ça y est, je suis devenue tante Ae-lys ! Je m'exprime maintenant comme elle.

Et je le sens m'emmener à travers le bar, puis à

travers le hall en marbre blanc de l'hôtel. L'espace d'une seconde de lucidité, j'ai honte de me montrer en spectacle de la sorte.

— C'est mon anniversaire.

Mais je ne sais plus pourquoi je dis cela. Est-ce parce que je me sens ridicule d'avoir bu au point de ne plus tenir debout ? Ou parce que je lui ai demandé quelque chose, mais je ne me souviens plus de ce que c'était ?

Une fois dehors, l'air frais me tombe dessus, faisant tourner ma tête à vive allure. Je m'agrippe au bel inconnu tandis qu'il lève le bras pour héler un taxi.

Je le dévisage éhontément, profitant qu'il ne me prête pas attention pour détailler son profil.

Je n'ai jamais vu un homme aussi beau.

Et encore moins d'aussi prêt.

Pourquoi m'a-t-il abordé ? Est-ce un tueur en série à l'affût d'une victime ? Un déséquilibré qui est fan de Woon So-hee ?

Je réprime un hoquet.

L'air frais me donne des frissons.

Et soudain, avant même que je puisse comprendre ce qui m'arrive ou tourner la tête, un haut-le-cœur m'étreint, broyant mon corps de l'intérieur.

La seconde d'après, je me retrouve à vomir sur l'avant de sa veste.

— Désolée, trouvé-je encore le temps de dire avant de perdre totalement connaissance dans ses bras

TROIS

∾

LE LENDEMAIN MATIN, je me réveille en sursaut. J'ai l'estomac dans les chaussettes, la bouche sèche et le cerveau comprimé. Super. Je tiens une belle gueule de bois.

Je fixe un instant le plafond. Il n'a pas l'air de tanguer. Je tourne prudemment la tête sur le côté. Rien ne se produit. Je jette un coup d'œil autour de moi et sursaute.

Je n'y crois pas !

Je suis où, là ?

Je me redresse. Un peu trop vite, car immédiatement une migraine me vrille les tempes.

Je détaille les environs. Je suis allongée sur le sofa d'un luxueux penthouse.

En face de moi, l'énorme baie vitrée s'ouvre sur la nuit.

Les derniers événements me reviennent en mémoire et instinctivement, je plaque mes mains sur mon corps et me tâte. J'ai encore tous mes vêtements.

J'attrape mon sac à main que je trouve posé sur la table à côté de moi et en sors mon téléphone et l'allume.

Il est cinq heures et demie.

Je ne suis pas censée me lever avant une bonne heure. Bon, je ne suis pas censée non plus être dans le salon d'un inconnu.

Impossible que je reste ici.

Sans dire que c'est mon premier jour de travail et que j'ai besoin d'une bonne douche et d'une généreuse couche d'anticernes afin d'espérer donner le change.

Je m'extirpe hors du sofa.

Le sol a l'air stable, tout devrait donc bien se passer.

Il faut juste que je me dépêche de sortir d'ici avant de croiser le propriétaire des lieux.

Je me dirige sur la pointe des pieds vers ce qui semble être la porte de l'appartement et y attrape mon manteau que je trouve pendu dans le hall d'entrée en soupirant.

Après mes petites confidences d'hier, mon bel inconnu n'a pas dû se priver de constater à quel point mon manteau est aussi vieux et élimé que ce qu'Eun-jae l'a affirmé.

Tandis que je referme discrètement la porte derrière moi et longe le couloir en direction d'un ascenseur, mon téléphone se met alors à vibrer dans ma main et je constate que j'ai reçu pas moins de sept messages. Quatre sont de ma mère. Elle me supplie de différentes façons de la rappeler. Un, de mon père. Pour me demander de me rappeler ma mère. Une vague de honte me submerge. Un autre est de Ha-ra : « Je vais lui péter la gueule à ce connard ! » et... Enfin, le dernier est le connard en question. Entendre la voix geignarde de Ki-hoon est au-dessus de mes forces. Pourtant, pour la première fois depuis que je le connais, je détecte une pointe de sincérité dans son ton, mais ses propos restent aussi médiocres que lui : « C'était nul de ma part » et visiblement, il faut que je me contente d'excuses aussi nulles que ses actions. Quel naze.

J'éteins mon téléphone. Je préfère me couper radicalement du reste du monde pour les heures qui suivent. Il faut que je reste concentrée sur l'essentiel : regagner mon appartement et me préparer pour mon premier jour de travail.

Rien d'autre ne compte.

Lorsque je sors enfin de chez moi, le jour est levé et il a l'air neuf. Le ciel est limpide, le soleil brille et une brise fraîche traverse la ville. Tant de beauté me heurte durement. Ça et toute cette lumière qui perfore mon crâne encore douloureux.

Je sors mes lunettes de soleil et me dépêche de marcher jusqu'à la bouche de métro. Me réfugier sous terre me semble être la première chose valable que je fais aujourd'hui.

Malheureusement, je déchante vite. J'avais oublié à quel point le métro oblige les gens, durant les heures de pointe, à se presser les uns contre les autres. Du coup, quand je ressors à l'air libre, cette fois je me sens bel et bien nauséeuse.

Heureusement, quand j'arrive devant l'immeuble qui abrite les bureaux de Star Media & Strategies, mon nouvel employeur, les quinze minutes à pied au grand air m'ont rassérénée.

Je pousse une des deux lourdes portes vitrées et pénètre dans le hall. Ignorant la vague d'employés qui passent le portique de sécurité, je me dirige vers l'accueil.

Une jolie jeune femme au sourire mécanique me salue.

— Bonjour, je m'appelle Park Eun-hee. Je commence aujourd'hui à travailler chez Star Media & Strategies. Je suis la nouvelle assistante.

Elle pianote un instant sur son ordinateur avant de se tourner vers moi.

— Vous avez une pièce d'identité ?

Je lui tends mon permis de conduire. Elle l'étudie un

moment avant de me le rendre et se remet à taper furieusement sur son clavier.

Quelques secondes plus tard, elle me tend un badge à mon nom et ajoute simplement :

— Septième étage. Présentez-vous à la réception, quelqu'un vous y attend.

Je la remercie et me mêle au flot continu des travailleurs qui traversent le hall.

Ils sont tous tirés à quatre épingles et, bien que j'ai fait un effort sur ma tenue vestimentaire, je me sens à côté de la plaque. Sans doute parce que j'ai encore la sensation d'être barbouillée et que mon manteau date de l'année dernière.

Comme prévu, quelqu'un m'attend à la réception. Une jeune femme aux cheveux colorés avec la teinte « feuilles d'automne » qui fait fureur cette saison, à peine plus âgée que moi, sanglée dans un tailleur hors de prix dont la coupe étriquée renforce sa minceur.

— Bonjour, m'accueille-t-elle en me scrutant de la tête aux pieds, je suis Ji-ni.

Je la salue en retour et serre la main qu'elle me tendait.

Puis, il se passe un truc un peu étrange. Ji-ni se fige pendant quelques secondes et je vois bien qu'elle continue de me jauger. Eun-jae fait cela tout le temps, autant dire que je suis entraînée à détecter les pestes en puissance.

L'instant d'après, elle s'est remise à vivre :

— OK, je vais être franche. Autant te rendre service tout de suite. Si tu as été engagée, c'est pour assister Na-yeon, notre présidente, sur un projet bien précis. Et je peux te dire que c'est du lourd. En fait, tout le monde voulait travailler sur ce dossier, mais comme il fallait quelqu'un qui puisse y travailler à plein temps et que nous avons tous d'autres projets en cours, Na-yeon a décidé d'engager un nouveau collaborateur. Alors, attends-toi à ce que ce soit difficile et à ce que tout le monde te déteste. Sinon, a-t-elle ajouté sur un ton enjoué, bienvenue chez Star Media & Strategies.

Super. Il ne me manquait plus que cela.

Ji-ni me conduit à travers les couloirs de l'étage, jusqu'à la partie Est du bâtiment, où se trouvent les bureaux de Na-yeon et son équipe.

— Ton bureau, dit-elle dédaigneusement en me montrant un poste situé dans le coin de la pièce tandis qu'elle en rejoint un autre, placé près de la large fenêtre pour y déposer ses affaires.

Elle prend ensuite une demi-heure pour m'expliquer mes différentes tâches et s'assurer que mes identifiants sont bien tous actifs.

Puis, elle m'informe sur le planning de la journée et sur la mission à laquelle je vais devoir consacrer tout mon temps (« Et il est possible que tu sois amenée à effectuer quelques prestations en dehors des heures » a-t-elle dit d'un si air pincé que je n'ai pas osé demander plus de détails).

— Les autres arrivent aux alentours de sept heures, mais Na-yeon attend que tu sois opérationnelle dès six heures. Six heures trente si tu as exceptionnellement du retard.

Ji-ni secoue son poignet trop maigre de manière à libérer la montre ciselée et plaquée or de la manche de son tailleur.

— Il te reste un peu plus d'une heure avant ta première réunion. Elle aura lieu en compagnie de Na-yeon et du client. Comme tu n'es pas encore totalement opérationnelle, j'y participerai aussi afin d'assister Na-yeon si besoin. Le mieux, c'est que tu te plonges dans le dossier que j'ai préparé (à nouveau, elle arbora cet air pincé et, incroyable, j'en déduis qu'en fait, elle est jalouse). Lors de la réunion, tu ne fais pas de vagues, tu ne parles que si on te pose une question et tu prends des notes. Na-yeon attend qu'on lui fasse un compte-rendu après chaque réunion. Ils doivent faire deux pages maximum, peu importe la longueur de la réunion, et elle attend que tu les structures d'une manière précise. Je t'ai imprimé un exemple ici.

Elle glisse deux pages vers moi reprenant des rubriques préétablies du genre « Sujet — Problématiques — Questions soulevées », etc.

A priori, rien d'insurmontable.

— Voilà, conclut-elle. Et maintenant au travail !

Elle me plante là. Quelques minutes plus tard, son rire me parvient par la porte ouverte.

Les autres employés de Star Media & Strategies commencent à emplir les bureaux. Quelques-uns viennent se présenter, m'interrompant régulièrement dans la lecture de mon dossier. Tous arborent une mise incroyablement soignée et je suis en train de comprendre que je vais en être pour mes frais question garde-robe quand Ji-ni est retournée à toute vitesse s'asseoir à son poste, talons claquants sur le sol, flanquée d'une jeune brune qui n'a pas estimé important de me saluer et qui s'est réfugiée derrière le troisième bureau de la pièce.

Quelques minutes plus tard, Na-yeon, que j'avais rencontrée lors de mon entretien d'embauche, surgit dans l'embrasure de la porte.

— Bien, j'espère que tout le monde est prêt. Ce contrat est énorme, donc j'attends de vous d'être aussi impeccable que d'habitude quand notre client sera là.

Elle se tourne vers moi :

— Eun-hee, bienvenue. Inutile de te dire que j'attends de toi que tu te montres discrète et efficace. Ji-ni t'a briefée ?

Je ravale ma salive, sentant à présent toute la pression du monde peser sur mes épaules.

— Oui, madame, je viens de prendre connaissance du dossier.

Je sens tout à coup l'air se raréfier tandis que Ji-ni et la brune se figent, un sourire narquois aux lèvres, nous observant sans perdre une miette de l'échange tandis que Na-yeon me regarde par en-dessous :

— Moi, c'est Na-yeon. Madame, c'est ma mère.

— Oui... Bien sûr... Pardon, c'est noté.

Et Na-yeon disparaît aussi vite qu'elle est venue. Dans mon dos, la brune s'esclaffe.

OK, visiblement, dans cette pièce, tout le monde me déteste.

Super.

Je jette un dernier coup d'œil au dossier et j'avoue que je ne comprends qu'à moitié l'engouement dont tout le monde semble faire preuve à son égard. Il s'agit en soi de redorer l'image d'une société dont je n'avais jamais entendu parler, mais qui semblait archi connue dans l'univers people. Et pour cause : c'est une société de gardes du corps haut de gamme, chargés d'encadrer des célébrités plus que connues, celles du genre à créer des émeutes sur leur passage. Étonnamment, il semble que certains gardes du corps de cette société sont devenus malgré eux la coqueluche des paparazzi, ce qui du coup pose des problèmes en matière d'image pour la société même, car la presse relaie des photos d'eux volées sur leur temps libre, les montrant en compagnie de jolies jeunes femmes ou dans leur vie privée. Finalement, ils perdent des clients, car certaines agences commencent à rechigner à faire appel à leurs services à cause de tout ce battage médiatique. Et c'est là que la société de relations publiques Star Media & Strategies entre en scène.

Et je comprends aussi un peu mieux les réactions de mes collègues. Ce dossier est difficile, mais il est en or. Du genre à propulser une carrière en cas de réussite. Pas étonnant qu'elles aient envie d'étriper la petite nouvelle qui surgit de nulle part pour remporter la mise qu'elles estiment leur être due.

À mesure que l'heure tourne, je deviens nerveuse. J'essaye de me rassurer en me disant que prendre des notes lors d'une réunion est loin d'être insurmontable. Mais Ji-ni ne tarde pas à me tirer hors de mes pensées et à faire monter en deux mots la pression d'un cran :

— Les voilà ! s'écrie-t-elle le visage collé à la fenêtre.

Aussitôt, la brune se précipite à côté d'elle et pour ma part, j'hésite. Mais la curiosité l'emporte et, prudemment, presque à pas de souris, je gagne l'autre extrémité de la baie vitrée.

Et ce que je vois s'avère plutôt décevant.

Sept étages plus bas, une limousine est garée devant l'immeuble. J'ai juste le temps d'apercevoir trois silhouettes masculines en sortir que déjà, elles ont disparu de mon champ de vision.

— Ils sont tous là, fait Ji-ni en se remettant du rouge à lèvres. Même Kang Hyeong-sik.

Je regagne mon bureau tandis que la brune arrange en dernière minute sa coiffure tout en me jetant du coin de l'oeil un regard noir.

Je n'y crois pas ! Alors, c'est ça, le problème ? Ce n'est pas juste une question de dossier, en fait elles trouvent ces mecs canon.

Retournée à mon bureau, je jette un dernier coup d'œil au dossier que m'a remis Ji-ni. Aucune photo n'y figure. Perdue dans mes réflexions, je hausse les épaules. Même si ma curiosité est maintenant piquée, je saurai bien assez vite à quoi ressemblent nos nouveaux clients.

Quand je quitte l'espace de travail à la suite de Ji-ni afin de rejoindre la salle de réunion, je ne peux qu'être frappée par l'atmosphère fébrile qui semble s'être emparée des bureaux.

— Bien, fait Na-yeon. Ils seront là dans quelques minutes. Il s'agit pour le moment d'une prise de contact. Et même si le contrat est pratiquement signé, n'oubliez pas que deux autres agences tentent encore de nous voler ce client. Je vous demande donc de donner le meilleur de vous même. Tout est prêt ? demande-t-elle à

Ji-ni qui termine d'installer un écran de télévision dans un coin de la pièce.

Celle-ci hoche la tête.

— Et toi ? me demande Na-yeon et je me rends compte avec horreur que... j'ai oublié de prendre de quoi noter.

Je me filerais des baffes. On me met en charge d'un truc simple et j'arrive à ne pas être prête.

— Euh, oui. Je vais juste aller chercher un bic de rechange, au cas où.

Et je file aussitôt en évitant de croiser l'air narquois que Ji-ni pose sur moi.

Quand je ressors dans le couloir, armée d'un bloc-notes et d'une armada de bics en tout genre, je vois un attroupement se presser dans le couloir.

Merde ! Je suis maintenant en retard et tout le monde va le remarquer.

Je vois un blond, les cheveux coupés courts, la mâchoire carrée jeter un coup d'œil dans ma direction.

Je comprends mieux maintenant l'attitude des filles. Ce mec est ultra canon. il ressemble plus à une célébrité qu'à une personne chargée d'en protéger une. Mais visiblement, c'est un autre type qui semble attirer l'attention. J'entends d'ailleurs quelqu'un le saluer avec une voix un peu trop aiguë en s'exprimant « Monsieur Kang, c'est un plaisir. »

Comme je ne peux rien faire d'autre qu'attendre qu'ils aient libéré le couloir, je me tords le cou pour tenter d'apercevoir le Monsieur Kang en question. Au moment où mes yeux se fixent sur lui, il se tourne vers moi.

Je n'y crois pas !

C'est impossible !

Je refuse que ce soit possible !

Cet homme...

Tout à coup, tout me revient en mémoire.

Cet homme, c'est celui que j'ai rencontré hier au bar de l'hôtel.

L'inconnu auquel j'ai confessé tous mes malheurs.

Le canon à qui j'ai demandé de m'embrasser.

Maintenant, c'est le client sur lequel j'ai vomi !

Je n'avais pas mes lunettes, mais il était assez prêt pour que je détaille son visage et c'est bien lui, aucun doute.

Je me plaque contre le mur et tente de réfléchir à toute vitesse.

Rien ne dit qu'il me reconnaîtra. Ni même... qu'il se souviendra de ce que je lui ai dit ou... fait.

Et en même temps, des bribes de ce que je lui ai raconté me reviennent en mémoire.

Lui ai-je vraiment dit que j'avais triché sur le nom de mon diplôme pour obtenir ce travail ? Et s'il en parlait à Na-yeon ? S'il demandait qu'on me retire du dossier ? À coup sûr, on me licencierait.

Non!

Je ne peux pas lui avoir dit ça.

Pourtant, je m'en souviens parfaitement. Je me revois avec précision lui murmurer...

J'ai les jambes en coton et la respiration coupée. Je tente de calmer mon coeur qui bat à tout rompre.

C'est injuste. J'ai des circonstances atténuantes. J'étais saoule. Et j'avais passé une soirée horrible.

En un rien de temps, j'envisage les options qui s'offrent à moi. Mais aucune de celles qui me conviennent, comme m'enfuir, faire comme si j'avais oublié la réunion ou m'évanouir pour y échapper, ne me permettra de conserver mon travail. Or je ne peux pas me permettre de tout faire rater une fois de plus. Je décevrais à nouveau papa et maman et Eun-jae et Tae-hyun seraient trop heureux que je leur offre sur un plateau une occasion supplémentaire de me rabaisser.

Je n'ai pas le choix, il faut que j'y aille.

Et que j'assume la situation.

Après tout, s'il me reconnaît, il ne fera peut-être pas le lien.

Ou il ne dira peut-être rien.

Peut-être même croira-t-il avoir rencontré Woon So-hee dans ce bar et pas moi ? Ce serait bien la première fois que je serais ravie qu'on me prenne pour elle.

Et sinon, il est garde du corps, il doit connaître plein de secrets sur tout un tas de gens. Il a l'habitude de se taire. Logiquement, il n'y a aucun risque qu'il se mette à crier à tue-tête « Oh, mais je connais votre assistante ! Elle a complètement raté sa vie, son petit ami l'a trompée et elle a tenté lamentablement de me séduire alors qu'elle était morte bourrée dans un bar d'hôtel avant de me vomir dessus. »

Non, il n'est pas arrivé là où il est en se montrant grossier et indiscret. Dans l'immédiat, je ne risque rien. Enfin, tant qu'il ne parle pas de moi en privé à Na-yeon.

Quand je gagne la salle de réunion à leur suite, je suis à peine assise que je sens les poils de ma nuque se hérisser. Planquée derrière mes cheveux, j'ose risquer un coup d'œil et je le vois en train de me fixer. Une lueur d'amusement brille dans son regard.

Et bien, en voilà pour mes frais : même pas une seconde et il m'a reconnue.

Je prends place et reporte mon attention sur mon bloc-notes et ma main qui serre mon stylo devient moite.

Quand j'ose enfin relever la tête, c'est pour constater qu'il a son regard intense, braqué sur moi.

Je déglutis, troublée.

— Apparemment, les tabloïds s'intéressent un peu plus chaque jour à vos employés, Monsieur Kang, commence Na-yeon.

Elle est la seule qui soit restée debout, afin de faire sa présentation, et je dois avouer qu'elle est impressionnante. Ça se voit tout de suite qu'elle n'est pas le genre de femme à finir éméchée dans un bar d'hôtel à draguer le premier venu. Et je dois avouer qu'elle n'est pas non plus du genre à sortir avec Ki-hoon.

Peut-être que c'est par là que je devrais commencer à prendre le problème ?

Rien de tout cela ne se serait produit si je m'étais abstenue de dire oui à Ki-hoon. Si, comme une grande, j'avais fait mon deuil de ma précédente relation.

Après tout, que l'homme que vous pensez être fait pour vous vous largue pour son meilleur ami, ça arrive tous les jours dans le monde. Il n'y a pas de quoi fouetter un chat... ni de sortir avec un type comme Ki-hoon.

Quand Na-yeon a fini son speech, elle passe la main à Ji-ni, qui relie alors son ordinateur à l'écran de télévision. Je constate avec horreur que je n'ai absolument rien écouté.

À la va-vite, je note sur mon bloc-notes « tabloïds » et « intéressé + + Monsieur Kang. »

Merde, si quelqu'un voit ça, il va croire que c'est moi qui suis intéressée par Kang.

Ne sois pas conne, Eun-hee, tout ne tourne pas autour de toi. Tout le monde ici connaît la problématique de ce dossier.

Je respire profondément et me concentre sur les images que commente Ji-ni.

Il faut que j'arrive à suivre, sinon je n'aurai aucun compte-rendu à donner.

— Le problème, explique Ji-ni, c'est que les gardes du corps de Kang Shield Security ne resteront pas éternellement populaires. Le public est actuellement attiré par une image fantasmée de l'homme protecteur auquel se fier en toute circonstance. Message qui est d'autant plus renforcé par, si je peux me permettre, le sex appeal des employés de Kang Shield Security. Cependant, par la nature même de leur travail, tôt ou tard, les gardes du corps courent le risque d'être pris en photos lors de moments moins flatteurs, ou privés. C'est ce qui se passe sur certains clichés parus dans la presse ces deux dernières semaines. Pas mal de tabloïds semblent trouver divertissant de compter combien de jeunes femmes certains gardes du corps accompagnent le soir. Surtout quand il ne s'agit pas de clientes. Visiblement, Hoon, Sung-min, Do-hyun, ainsi que vous, Monsieur Kang, semblez défrayer la chronique mondaine sur ce plan-là.

À ce moment-là, Kang Hyeong-sik la coupe :

— Navré de vous interrompre, mademoiselle, et je vous remercie de nous résumer ainsi la situation. Mais si nous sommes ici, c'est précisément parce que nous savons tout cela. Ce qui m'intéresse actuellement, c'est de connaître le plan d'action que vous nous proposez.

Je vois le cou pâle de Ji-ni se couvrir de larges plaques rouges tandis que Na-yeon lui fait signe de disposer.

Sur mon bloc-notes, je marque « plan d'action ??? »

Pas de doute, si je continue comme ça, j'arriverai haut la main à rendre un compte-rendu de moins de deux pages.

Na-yeon se lance alors dans ce qu'elle appelle une campagne en deux temps. Elle expose comment elle envisage de redonner une identité forte à Kang Shield Security et de préserver au mieux la vie privée des employés de son client.

Je me borne à prendre des notes, mais j'avoue que je suis moyennement convaincue par ses explications.

Pas de doute, Na-yeon est une femme d'affaires redoutable et sûre d'elle. Mais pour le coup, je suis un peu déçue.

Quand elle a terminé, tous les regards se tournent vers Kang Hyeong-sik. Ils attendent son avis. On entendrait une mouche voler dans la pièce.

Et c'est le moment qu'il choisit pour se tourner vers moi :

— Et vous, mademoiselle, qu'est-ce que vous en pensez ?

Jycroispas ! Il a osé me faire un coup pareil.

Il sait que c'est mon premier jour, il doit se douter que je souffre d'une légère gueule de bois et que ma vie est un véritable désastre et cela ne lui suffit pas. Il trouve en plus pertinent de me donner une occasion en or pour m'humilier.

Je me tortille sur ma chaise :

— Euh... C'est-à-dire que...

— Eun-hee est nouvelle, me coupe Na-yeon. Pour être franche, c'est son premier jour.

— Et bien parfait, répond Hyeong-sik en continuant à me transpercer du regard. Nous aurons ainsi un point de vue totalement extérieur. Je vous en prie, Eun-hee, donnez-moi votre avis et, s'il vous plaît, soyez franche. Je sais que vous voulez faire bonne impression, aussi ne vous censurez pas. Dites-nous ce que vous pensez de ce plan.

Sérieux ?

Je sens un frisson glacé me parcourir alors que mon cœur bat la chamade et qu'un léger voile de transpiration s'accroche à mes tempes.

Hors de question que je descende ma patronne devant tout le monde. En même temps, je ne peux pas abonder en louant ce plan d'action plutôt banal. Je jette un regard inquiet en direction de Na-yeon. Elle semble réellement attendre mon avis. Pire, elle a l'air de s'impatienter.

Je cherche une porte de sortie.

— En fait, j'ai remarqué que les tabloïds semblent tous utiliser la même photo à chaque fois. Cela veut dire qu'il n'y a probablement qu'un ou deux photographes qui sont à l'affût des faits et gestes de vos employés. Aussi, une des pistes pourrait être de rencontrer ce ou ces paparazzi et d'avoir une conversation avec eux. Peut-être qu'il y a moyen de les convaincre de s'intéresser à d'autres sujets ?

Tout le monde est suspendu à mes lèvres. Ji-ni me jette un regard si meurtrier que je m'étonne d'être toujours en vie.

— Ensuite, je pense que toute publicité gratuite est bonne à prendre. Vous pourriez peut-être lancer une campagne de pub qui détourne avec humour l'attention dont vos gardes du corps font l'objet. Et en même temps, vous pourriez demander à vos employés de se faire plus discrets en dehors de leurs heures de travail. Du moins, pendant quelque temps. La plupart des modes finissent par passer. Il y a fort à parier que l'engouement qui vous est porté passera, lui aussi.

Je m'arrête de parler et je n'ai pas besoin de me voir dans une glace pour deviner que je suis rouge de honte.

Un ange passe avant que Hyeong-sik reprenne la parole :

— Voilà plusieurs idées pertinentes. Na-yeon, il semblerait que vous ayez débusqué la perle rare. Donnez les accréditations nécessaires à cette jeune fille afin qu'elle puisse se rendre dans nos bureaux et nous voir travailler de l'intérieur. Je l'attends dès demain.

Quoi ? Il ne peut pas faire ça, si ?

— Bien sûr, Monsieur Kang.

— Parfait. Vous pouvez préparer le contrat, je vous l'enverrai signé cet après-midi par coursier.

Et d'un seul mouvement, tout le monde se lève et s'incline pour les saluer. Incertaine, j'attends que tout le monde sorte de la salle de réunion.

En passant près de moi, Kang Hyeong-sik s'arrête. Mon cœur fait pratiquement de même.

Il se tourne vers moi et plonge ses yeux d'un noir d'encre dans les miens.

Je réprime un frisson alors qu'il se penche vers moi, attirant l'attention sur nous, et murmure de façon à ce que moi seule entende :

— Félicitations, vous avez été impressionnante. Vous devriez raconter tout cela à vos parents, je suis sûr qu'ils seraient fiers de vous.

Je n'ai pas le temps de répondre qu'il s'est volatilisé. Au lieu de quoi, je vois Ji-ni qui m'observe du coin de l'œil. Et l'air qu'elle arbore ne trompe pas : pour elle, je lui ai volé la vedette et pour ça, je mérite la peine de mort.

QUATRE

⁓

L'ATMOSPHÈRE EST à la fête, Star Media & Strategies vient de signer un de ses plus gros clients. Autrement dit, un chèque rempli de zéros en perspective.

Alors que je regagne mon poste et que Ji-ni et la brune, en pleine messes basses, m'ignorent ostensiblement, Na-yeon fait irruption dans la pièce.

Aïe, aïe, aïe. Elle va me passer un savon pour avoir remis en cause son « plan d'action. »

Elle se plante devant mon bureau et j'avoue que je n'ai plus assez d'adrénaline dans le corps pour paniquer.

Du coin de l'œil, j'aperçois Ji-ni et la brune nous observer avec attention.

— Félicitations, Eun-hee. Vous ne vous êtes pas laissée démonter et vous avez fait preuve de professionnalisme. Je pense qu'on peut dire qu'une partie du mérite vous revient.

Je cligne des yeux, abasourdie.

— Vous... Vous ne m'en voulez pas ?

— Pour ne pas vous être montrée lèche-cul ? Sachez que je déteste les fayots et que je ne suis pas arrivée où j'en suis sans marcher sur quelques pieds. Continuez comme ça et vous pourriez bien faire rapidement carrière.

Quoi ? Moi ?

En moins d'une seconde, je suis sur un petit nuage. Je ne peux pas m'empêcher d'imaginer la tête que ferait Tae-hyun s'il avait assisté à cet échange.

— Ji-ni, fait Na-yeon en m'abandonnant à mon sourire béat. Vous me rédigerez le compte-rendu de la réunion pour cet après-midi.

— Mais...

— Pas de « mais. » Faites-le, c'est tout.

Au regard assassin que me jette Ji-ni, ça ne fait aucun doute : je viens de me faire une ennemie.

Ce n'est qu'en arrivant chez moi que je commence à me détendre. Toute la tension que j'ai accumulée ces deux derniers jours se relâche d'un coup et je me sens subitement vide et fatiguée.

La première chose que je fais en passant le pas de la porte, c'est d'envoyer valdinguer mes chaussures. Mes pieds sont encore en train de se remettre de mon anniversaire, inutile de les torturer plus longtemps.

Ensuite, alors que je me sens chiffonnée et morte de fatigue, je prends mon courage à deux mains et j'allume mon téléphone.

On m'a laissé plusieurs messages. Un de Ha-ra qui me souhaite bonne chance pour mon premier jour et deux de maman. Dans le premier, elle me fait la morale par rapport à mon anniversaire et pour le fait que je ne l'ai toujours pas rappelée ; dans le second, elle semble s'être tout à coup souvenue que je commençais un nouveau travail et elle me dit « espérer que je suive les traces de Eun-jae pour ce premier jour. » Aucun message de Ki-hoon.

J'envoie un texto à Ha-ra pour lui dire que tout va bien et que j'ai cartonné puis, bien que je n'en ai aucune envie, je me fais violence pour téléphoner à maman.

Mal m'en a pris. Je tombe pile au moment où elle est en train de nourrir ses dix chats. Et, pour ceux qui ne le savent pas, cela relève de tout un cérémonial. Comme elle a les mains occupées, elle me met sur haut-parleur, ce qui fait que je ne rate pas une miette de ce qui se passe de son côté.

Le problème avec les chats, c'est leur côté rebelle et indépendant. Cela rend très rapidement leur comportement anarchique.

— FÉLIX ! ROZI ! crie ma mère loin du combiné. Ce n'est pas votre assiette !

Puis, elle ajoute, sur le même ton :

— Alors, comment s'est passée ta journée ?

— Super, j'ai même aidé à...

— ARNOLD ! Ooooooh, tu m'énerves toi. (Puis à moi) Je ne sais pas quoi faire avec lui. Il attaque sans cesse Rozi et maintenant elle a peur de tout.

Comme un temps de silence s'installe, je tente à nouveau ma chance :

— Comme je te disais...

— J'ai dit non ! Arnold, va-t'en !

Ça ne va pas être possible. Je me tais en soupirant, la laissant parler seule avec ses chats. Si j'attends suffisamment longtemps, ils auront fini de manger et nous pourrons tenir une conversation normale.

Elle vocifère encore à plusieurs reprises puis j'entends un bruit de frottement suivi d'un bip qui ne laisse aucun doute : elle a repris le combiné et enlevé le haut-parleur.

— Ma chérie, commence-t-elle. Je voudrais que tu passes un peu de temps avec Eun-jae.

— Avec Eun-jae ? Mais pourquoi faire ?

— J'ai bien réfléchi depuis ton anniversaire et j'ai l'impression que tu as du mal à avoir une vision d'ensemble. Que tu aies pu choisir ce garçon, je crois que c'est un signe qu'on ne peut pas négliger. Si tu passais plus de temps avec ta sœur, elle déteindrait un peu sur toi. Tu verrais les choses différemment et tu ferais de meilleurs choix.

Je rêve ?

J'inspire un bon coup pour me retenir d'exploser :

— Maman, je n'ai pas besoin de passer du temps avec Eun-jae. Je viens de cartonner au bureau alors que c'est mon premier jour. Ma chef m'a même dit que j'avais des chances de faire carrière.

— Raison de plus, fait ma mère, imperturbable et pas le moins du monde impressionnée. Il ne faudrait pas que tu gâches tout encore une fois. Je dis ça pour toi, chérie. Je vois bien comment les choses se passent : les gens te donnent ta chance et toi, tu la regardes passer.

En moins d'une seconde, j'ai les larmes aux yeux. C'est vraiment ce qu'elle pense de moi ?

— Ta sœur pourrait être, je ne sais pas, une sorte de guide ou de mentor. Cela me ferait vraiment plaisir que tu te reprennes en main et elle est prête à t'aider.

— Tu en as déjà parlé avec Eun-jae ?

— Évidemment. C'est même elle qui l'a proposé.

J'aurais dû m'en douter. L'occasion de m'humilier était trop belle pour que ma sœur ne saute pas dessus.

— Écoute, maman. Tout va bien, je vais me débrouiller, d'accord ?

— C'est ce que tu dis à chaque fois. Et ensuite, ça tourne à la catastrophe.

Je me recroqueville dans mon divan, sous le choc.

À l'autre bout du fil, elle se tait, laissant notre

conversation en suspens. Mais le mal est fait. Quoi que je fasse, cela ne changera pas la vision qu'ils ont de moi : celle d'une petite fille perdue incapable de réussir. Quelles que soient les victoires que je remporte, je les décevrai toujours. Je pars perdante.

Vaincue, j'écourte la communication.

Tout à coup, je trouve qu'il fait sombre et froid dans mon appartement.

Et je me sens seule, avec le sentiment d'avoir le ventre rempli de cailloux.

Sans prendre la peine de me déshabiller, je me traîne jusqu'à mon lit et m'enfonce dans mes couvertures. Je n'ai qu'une envie : tout oublier et sombrer dans le néant.

CINQ

~

L'IMMEUBLE qui abrite les bureaux de Kang Hyeong-sik est un des plus classes que j'ai jamais vus.

Pas étonnant, quand on y pense, puisque des célébrités risquent de s'y rendre. Qui sait, je vais peut-être en croiser ? Ce serait drôle de les voir en vrai, de pouvoir comparer afin de savoir si les photos des magazines sont vraiment retouchées.

Je me présente à l'accueil et une hôtesse prend aussitôt soin de moi, comme si j'étais une cliente de marque. J'avoue que sa sympathie contraste avec l'accueil rude et désabusé que Ji-ni m'a réservé hier.

Quelques minutes plus tard, je me retrouve à attendre l'ascenseur tout en regardant discrètement autour de moi au cas où une star pointerait son nez.

La cabine s'arrête à mon niveau et les portes coulissent.

Horreur !

Kang Hyeong-sik est là !

— Vous comptez entrer ou vous attendez le suivant ?

Il arbore un sourire en coin tout en me dévisageant.

Hors de question que je me laisse démonter.

Quand les portes se referment, il consulte un moment son téléphone, ce qui me permet de relâcher discrètement la pression que sa présence vient de m'infliger. Malheureusement, quelques secondes plus tard, il le range et se tourne vers moi :

— Comment s'est passé votre premier jour chez Star Media & Strategies ?

— Très bien.

— Et aujourd'hui, vous voilà ici.

Où veut-il en venir ?

Je décide alors de prendre les devants.

— Écoutez, je suis désolée de ce qui s'est passé l'autre soir. J'avais bu et je n'aurais pas dû vous dire tout ce que je vous ai dit.

— Vous le regrettez ?

— Évidemment ! Quand je pense que... S'il vous plaît, ne dites pas à Na-yeon que j'ai changé l'intitulé exact de mon diplôme.

Il écarquille un moment les yeux.

— Oh, ça. Pour tout vous dire, je ne m'en souvenais même pas.

Super. Mais qu'est-ce qui m'a pris d'ouvrir ma grande bouche ?

— Mais je me rappelle très bien du reste, dit-il, les yeux pétillants d'amusement.

Et en plus, il se paie ma tête.

Je capitule. Impossible de le regarder, au lieu de quoi, je fixe les rainures du dallage de la cabine d'ascenseur.

— Rassurez-vous, je ne dirai rien.

Je hausse les épaules, indifférente. Je ne peux rien y faire de toute façon. Je ne peux pas remonter le temps et reprendre tout ce que je lui ai dit.

— Je suppose que je dois vous croire sur parole.

— Eun-hee, je peux être honnête avec vous ?

Je relève la tête et nos yeux se croisent. Et tout à coup, je ressens à nouveau ce que j'ai ressenti ce soir-là, au bar de l'hôtel. Je me sens littéralement aspirée par son regard. C'est comme une force invisible qui m'attire dans sa direction sans que je puisse lui résister.

Le « ping » de l'ascenseur me fait subitement reprendre mes esprits.

Je dois garder mes distances avec ce type.

Si je reste trop près de lui, je vais encore dire ou faire un truc idiot.

Surtout quand il me regarde comme ça.

Avec cet éclat dans les yeux.

Avec ce sourire en coin légèrement suggestif.

Il hausse un sourcil.

Même ce simple geste me paraît tout à coup terriblement sexy.

— J'ai quelque chose sur le visage ? demande-t-il.

Je me raidis.

Je l'ai vraiment dévisagé aussi ouvertement ?

Voilà pourquoi je dois le fuir. Dès que je me trouve à moins de deux mètres de lui, je commence à faire et dire n'importe quoi.

Il a sur moi l'effet d'une kryptonite démoniaque.

Avant que je ne puisse répondre, trois personnes montent avec nous, nous reléguant vers le fond de l'ascenseur, bien que chaque employé l'ait salué en entrant et qu'un petit espace respectueux se soit créé autour de lui.

Trois étages plus tard, c'est à mon tour de sortir et j'ignore toujours ce qu'il voulait dire. En quoi peut-il bien s'inquiéter de mon premier jour de travail ?

Je secoue la tête.

Laisse tomber, Eun-hee, même penser à lui te rend idiote, alors évite.

Alyssa, la jeune fille que l'hôtesse m'avait indiquée à l'accueil, m'accueille immédiatement avec un sourire chaleureux. Comme son nom l'indique, elle est une jeune expatriée, ce que ne démentent pas ses incroyables cheveux roux. Je ne sais pas si c'est dû à l'aura qu'elle dégage, mais tout le monde a l'air heureux et détendu ici. Rien à voir avec l'impression que m'a laissée ma première journée chez Star Media & Strategies.

— Bienvenue chez nous.

Elle me tend une série de papiers.

— Je t'ai préparé un horaire pour la semaine que tu passeras ici afin que tu puisses avoir le meilleur aperçu possible de notre travail.

Je jette un coup d'œil au document et me pétrifie.

Mercredi, je suis censée passer la matinée avec Kang Hyeong-sik. Mes yeux papillonnent sur chacune des cases et je vois son nom écrit çà et là un peu trop souvent à mon goût.

— Je vais vraiment accompagner monsieur Kang ?

Alyssa se fend d'un sourire qui lui fait de jolies fossettes.

— Pour le moment, nos relations avec la presse sont plutôt tendues. J'ai pensé que Hyeong-sik serait le plus à même de te montrer comment les choses se passent.

Elle se méprend sur mon air désabusé, car elle ajoute :

— Ici, tout le monde s'adresse aux autres de façon décontractée, à l'occidentale. Il est probable que Hyeong-sik te demande de ne pas lui servir du « Monsieur Kang. » Il plaisante toujours en disant que Monsieur Kang, c'est son père.

Comme Na-yeon. Ils ont tous lu le même livre de management américain ou quoi ?

— Je vois, dis-je.

Pourtant, je n'ai jamais été autant dans le brouillard qu'en ce moment.

— Parfait, reprend-elle en me resservant son sourire éblouissant. Tu as un débriefing qui commence dans un quart d'heure, d'ici là, je te laisse t'installer. Ton bureau se trouve ici.

Elle pénètre dans un petit open space et me désigne un poste situé en coin.

— Je t'ai réservé celui-ci. D'habitude, c'est ma place, mais je trouvais que ce serait plus agréable pour toi d'être près de la fenêtre pour le temps que tu passeras parmi nous.

Je me tourne vers elle, ébahie.

— Mais...

— Ne t'inquiète pas, ça ne me dérange pas du tout. D'ailleurs, je suis rarement à mon bureau.

J'en reste comme deux ronds de flanc. Surtout quand je repense à l'accueil que Ji-ni et la brune (d'ailleurs, c'est quoi son nom à celle-là ?) m'avaient réservé la veille.

Je mets à partie les quelques minutes qui restaient pour survoler la liste que Na-yeon m'a dressée. Elle a rassemblé en un peu plus d'une page le genre de renseignements que je devrais glaner au cours de la semaine que je passe chez Kang Shield Security.

Cela allait des critères sur lesquels ils se basaient

pour accepter une mission pour un client à la façon dont ils traitaient chaque point de sécurité ou encore de leur politique en matière de confidentialité.

Je tâche de noter dans mon propre carnet les questions que je devrai probablement poser. Na-yeon attend mon compte-rendu chaque jour en fin de journée. Autant dire que je suis lancée dans le grand bain à toute vitesse.

Tandis que je prends place dans la salle de réunion, je reconnais sans mal deux des trois participants. Ce sont eux qui avaient accompagné Hyeong-sik chez Star Media & Strategies et il s'agissait des gardes du corps de Kang Shield Security qui se trouvaient à présent dans la ligne de mire des paparazzi.

Alyssa fait les présentations et, quelques instants plus tard, Hyeong-sik entre à son tour dans la salle de réunion.

Je m'applique à ne rien laisser paraître, mais je sens une tension soudaine dans mes épaules qui me pousse à me tenir trop droite et à surveiller chacun de mes gestes comme si j'en étais spectatrice.

Ridicule.

Je prends une longue inspiration en essayant de paraître naturelle, mais cela ne change absolument rien, j'ai les nerfs en pelote.

Hyeong-sik commence :

— J'ai pensé que le mieux, afin que mademoiselle Park puisse se faire une idée claire de notre travail, soit qu'elle nous assiste dans chacune des étapes d'une de nos missions, y compris lors du déroulement de celle-ci. Dans l'ombre, évidemment.

— Quoi ? demande le blond (si vous voulez mon avis, de près, sa couleur fait un peu trop artificielle). Hyeong-sik, avec tout le respect que je te dois, on parle de sécurité privée. Toutes nos missions comportent un risque.

— J'assurerai personnellement la sécurité de mademoiselle Park et elle restera à distance. Elle ne courra pas plus de risque que les autres personnes qui assistent à la soirée.

Quoi ?! Risques ? Soirée ?

Mais de quoi parlent-ils ? Mon cerveau s'est arrêté de comprendre quand j'ai entendu « J'assurerai personnellement la sécurité de mademoiselle Park. » Quelqu'un pour me faire un dessin ?

— Enfin, si elle est d'accord, ajoute-t-il alors que tous les regards se braquent sur moi.

J'ignore totalement ce que je suis censée dire. Mais je sais que Na-yeon ne me pardonnera pas d'avoir laissé de côté une partie de leur travail pour la seule raison que j'ai le cœur qui bat un peu trop fort et le cerveau aux abonnés absents.

Et puis, je n'ai pas envie de flancher. Tous ces hommes sont des durs à cuire. ils ont même tous fait leur service militaire dans des départements super impressionnants et badass, je n'ai pas envie de passer pour la fille chochotte qui bat des cils et a peur de se casser un ongle, aussi je m'entends dire :

— Absolument.

Et je suis super satisfaite de moi, car le ton que je viens d'employer sous-entend que je suis totalement à l'aise, comme si j'avais répondu « Cela va sans dire » ou « C'est évident, non ? »

Le blond lève les mains et capitule :

— Très bien, si c'est ce que tout le monde veut, je me range à la majorité.

Ensuite, ils se mettent à discuter de détails de mission et Hyeong-sik s'interrompt à chaque fois pour m'expliquer les grandes lignes, les enjeux, mais aussi les difficultés médiatiques qu'ils ont rencontrées.

Je m'applique à prendre autant de notes que possible, mais sans savoir pourquoi, j'ai du mal à me concentrer.

Peu à peu, Hyeong-sik m'apparaît comme quelqu'un de différent. Et puis, cela me fait bizarre d'avoir cette impression de partager une certaine intimité avec lui alors qu'en fait je ne sais presque rien de lui.

Que faisait-il l'autre soir, seul dans ce bar ?

Je n'ai jamais pensé le lui demander.

Je me ressaisis et me concentre à nouveau sur les propos échangés. Qu'est-ce que cela peut me faire qu'il se soit rendu dans ce bar et qu'il s'y trouvait seul ? Après tout, aucune loi ne l'interdit.

Cependant, il semble si apprécié, si entouré et si charismatique que cela contraste totalement avec la personne que j'ai rencontrée ce soir-là. Enfin, peut-être pas tant que cela. Après tout, j'étais plutôt sacrément éméchée, donc mes souvenirs sont probablement loin d'être très représentatifs de la réalité. Il y a même fort à parier que je n'ai pas saisi de manière très objective la situation.

À la fin de la réunion, alors que je range mes notes et que les autres sortent, Hyeong-sik s'arrête à ma hauteur. Sans comprendre pourquoi, je retiens ma respiration.

C'est fou ces réactions idiotes qu'on peut avoir, comme devenir rouge et avoir subitement chaud quand votre quasi-patron vous fixe avec l'air d'avoir quelque chose à vous demander.

— Eun-hee, avez-vous quelque chose de prévu pour le déjeuner ?

Mon cœur se met à battre à toute vitesse, au point que je sens mon sang cogner contre mes tempes.

Je lève les yeux vers lui en espérant avoir conservé une façade calme et impassible. Je préfère qu'il ignore que mon instinct de survie a repris le dessus et me dicte de prendre mes jambes à mon cou.

Ce qui aurait été difficile, vu que mes jambes semblaient tout à coup s'être remplies de coton.

— Oui... Enfin, je veux dire, pas vraiment... (Il capture mon regard dans le sien. Mais qu'est-ce qui m'arrive au juste ?) Je veux dire non.

Il sourit, amusé.

On pourrait le photographier, là, juste maintenant, avec son profil délicatement découpé par la lumière du jour, son regard intense et son sourire à tomber, et utiliser le cliché pour illustrer la définition du mot « sexy » dans un dictionnaire.

— Cela me paraît bien compliqué. Non, vous n'avez rien de prévu ou non, vous ne souhaitez pas m'accompagner ?

Je toussote et lâche un « Non, je n'ai rien de prévu » à demi-étouffée.

— Et bien voilà, ce n'était pas si difficile !

Il regarde sa montre et ajoute :

— Je n'ai qu'une heure à vous consacrer, mais allons-y. Et puis, cela nous donnera l'occasion de parler.

Malgré moi, je déglutis.

Tout cela est une très mauvaise idée.

Une très très mauvaise idée.

Et pour cause : la dernière fois que j'ai parlé à ce type, je lui ai déballé ma vie entière.

CHAPITRE
SIX

BON, disons-le, il m'emmène dans un endroit complètement au-dessus de mes moyens. À croire qu'être garde du corps pour star vous rend le luxe totalement banal.

Oui, ça doit être ça. Sinon, comment expliquer qu'on puisse envisager d'aller « déjeuner » dans un endroit étoilé ?

D'ailleurs, quand je rentre dans le restaurant, cela ne rate pas : le maître d'hôtel louche en me voyant et me sert du « Mademoiselle Woon » en utilisant un niveau de politesse particulièrement obséquieux.

Et quand il se rend compte de sa méprise (parce que je lui ronchonne que « je ne suis PAS Woon So-hee »), il est mortifié et se confond en excuses.

Si j'étais malhonnête, j'irais dans tout un tas

d'endroits branchés en me faisant passer pour Woon So-hee.

— Vous l'avez remis sèchement à sa place, me fait remarquer Hyeong-sik. Pas dit qu'il s'en remette.

À nouveau, je me sens rougir.

— On vous prend souvent pour Woon So-hee ?

— Ça arrive, oui.

— Je n'avais jamais remarqué la ressemblance, mais maintenant que quelqu'un l'a pointée du doigt...

— ... Vous ne voyez plus que ça, je sais.

Il hausse les épaules.

— Pas vraiment. Maintenant, je remarque une légère ressemblance, mais pas au point de vous confondre. Je trouve au contraire que vous êtes assez unique.

Cette fois, il me dévisage ouvertement.

Mon cœur se met à battre plus fort.

S'il continue à me regarder comme ça, je vais rougir.

Mais, comme s'il avait tout à coup perçu l'intimité qui vient de s'installer entre nous, il reporta son attention sur le menu.

Je l'observe à la dérobée.

D'habitude, les gens semblent trouver génial que vous ressembliez à quelqu'un de connu. Jamais personne ne m'a dit que j'étais « unique. » Qu'est-ce qu'il sous-entend par-là ?

Il relève les yeux à ce moment-là et nos regards se croisent à nouveau.

Une fois encore, il soutient le mien un peu trop longtemps.

— Cela a dû vous valoir pas mal de situations cocasses.

— Des quiproquos, vous voulez dire ?

— Quelque chose comme ça.

— Il y avait une petite fille dans mon quartier. Elle devait avoir six ou sept ans. Il arrivait que je la croise par hasard à la supérette quand j'y faisais mes courses. Chaque fois, j'avais beau lui expliquer que je n'étais pas Woon So-hee, mais elle n'en démordait pas. J'ai fini par capituler et un jour j'ai accepté d'imiter Woon So-hee dans sa publicité pour une marque de ramen et de la laisser me filmer sur son téléphone. Le problème, c'est que les choses ont ensuite dérapé.

— Que voulez-vous dire ?

— Eh bien, elle a posté la vidéo sur internet et l'agence de Woon So-hee a menacé de porter plainte contre moi pour usurpation d'identité, insulte et publicité sauvage.

Hyeong-sik fronce les sourcils.

— À ce point ?

Je hoche la tête

— J'avais beau répéter que je ne l'avais pas fait intentionnellement, rien n'y faisait. En plus, la vidéo n'avait eu qu'une vingtaine de vues.

— Que s'est-il passé ensuite ?

— J'ai dû écrire une lettre dans laquelle je m'excusais et je m'amendais.

Hyeong-sik cligne des yeux, ébahi.

— Vous avez vraiment dû faire ça ?

— Oui. Personne n'a jamais voulu écouter ma version. Mais le pire, ça a été que je me suis faite jeter de la supérette. Le gérant m'a interdit d'y retourner parce qu'il ne voulait pas que son commerce serve, je cite, « de cadre à de la publicité faite de façon sauvage. ».

Il me fixe un instant et éclate de rire.

— Je suis désolé, dit-il en se reprenant. Toute cette situation est des plus ridicules.

— À qui le dites-vous.

— Tout ce que vous vouliez, c'était offrir un peu de joie à une petite fille.

— Le problème, c'est que les gens ne voient que ce qu'ils veulent voir. Même si vous leur dites la vérité, ils ne vous croient pas. Pire, ils ne vous écoutent même pas.

Il hoche la tête.

— S'il y a bien une chose au monde que je déteste, dit-il, ce sont les apparences et les faux semblants. La majorité des gens essaient toujours de paraître ce qu'ils ne sont pas. Vous, au contraire, vous n'essayez pas de faire semblant et pourtant, on vous accuse probablement facilement de jouer sur votre ressemblance avec une célébrité.

Erreur, papillon.

Je n'ai juste pas eu l'occasion de faire semblant parce que j'étais trop bourrée le jour où on s'est rencontrés.

Si on me l'avait permis, j'aurais moi aussi essayé de donner le change et de paraître mieux que ce que je ne suis en réalité.

Je réprime un soupir.

Ce type connaît tous mes secrets, tous les trucs honteux, tous mes doutes, toutes mes inquiétudes, tous mes espoirs.

Comment pourrais-je maintenant espérer attirer son attention ou l'impressionner ?

Un silence légèrement inconfortable tombe entre nous.

— D'ailleurs..., dis-je pour tenter de changer de sujet, en parlant d'offrir un peu de bonheur... J'ai regardé les documents qu'Alyssa m'a remis et j'ai remarqué que Kang Shield Security ne faisait pas de dons à des associations caritatives. Je pense que l'on devrait intégrer ce point à votre nouvelle stratégie de communication.

Aussitôt, le visage de Hyeong-sik se ferme.

Ai-je dit quelque chose de mal ? Ou alors, il déteste parler travail en déjeunant et je viens de bousculer un de ses tabous ?

Il a l'air tendu. Tant pis, il est trop tard pour reculer :

— Faire des dons contribue à donner une bonne image. Il est prouvé que les tabloïds et le public ont tendance à vous épargner si vous vous montrez généreux.

Il promène son regard dans la pièce. Pour peu, je jurerais qu'il ne m'écoute pas.

— Je pense que cette stratégie est à considérer.

Il ne relève pas et le silence s'installe une nouvelle fois entre nous. Mais cette fois, c'est un silence froid et tendu. Presque… hostile .

Je ne comprends pas. Qu'est-ce qui a changé ? Il est totalement différent de la personne qu'il était il y a cinq minutes.

Je me force à esquisser un sourire et me jette à l'eau :

— J'ai dit quelque chose qui ne fallait pas ?

Il repose enfin ses yeux sur moi, mais la façon dont il me fixe est si glaciale que je ne peux m'empêcher de frissonner.

— Je donne de l'argent chaque année à une association qui dresse des chiens d'aveugle.

— Pourquoi ce n'est pas rens...

Il me coupe d'un geste agacé de la main.

— Je le fais à titre personnel. Je l'ai dit, je déteste les apparences. Rien ne m'agace plus que l'hypocrisie qu'ont les gens à faire publiquement des dons. Si j'en fais, c'est pour aider une cause, pas pour me faire valoir aux yeux des autres ou du public ni pour faire de la publicité indirecte à ma société.

Son regard me transperce.

— Je ne voulais pas...

— Ce sujet est clos à présent. Parlons d'autre chose.

Sauf que je suis incapable de continuer à penser, alors de là à trouver un sujet de conversation, c'est plutôt mission impossible.

Je suis mortifiée.

Et le pire, c'est que je me sens coupable et triste de ce désastre.

Car je vois difficilement comment qualifier autrement ce déjeuner. Et en même temps, je lui en veux et je me sens incomprise. Tout ce que je voulais, c'était l'aider, lui et sa maudite agence. Au lieu de quoi, j'ai maintenant l'impression d'être une horrible personne.

Les minutes qui s'écoulent jusqu'à la fin du déjeuner sont insoutenables. Subitement, tout semble tirer en longueur et je n'ai qu'une envie : sortir d'ici au plus vite.

— Un café ? nous demande le serveur.

— Pas pour moi, dis-je.

— La note, demande Hyeong-sik.

L'ambiance est pour le moins morose.

Hyeong-sik se propose de payer et je conteste mollement.

De toute façon, il a l'air résolu à ne pas me laisser payer.

J'imagine que faire passer ses déjeuners en notes de frais, ça, ça ne le dérange pas. Alors que faire un peu de publicité autour d'un...

Oh, après tout, je m'en fiche ! Je n'ai qu'une envie : mettre le plus de distance possible entre nous. Et vite.

Et le reste de la journée est aussi lourd. Pour couronner le tout, je me tape une formidable migraine.

Au milieu de l'après-midi, je prétexte à Alyssa un rapport à rendre à Na-yeon pour m'éclipser et fuir l'ambiance plombée des bureaux de Kang Shield Security.

Grand mal m'en prit en réalité. L'accueil chez Star Media & Strategies n'est pas plus chaleureux.

Tout d'abord, Na-yeon est surprise de me voir et me reçoit assez sèchement. Elle me rabroue qu'elle n'a pas le temps pour un rapide débriefing et trouve que j'aurais pu lui envoyer mes notes par email.

Quant à Ji-ni et la brune (qui, appris-je enfin, s'appelle Ji-ah. Même leurs prénoms font la paire), elles font des messes basses de leur côté, gloussant de temps à autre tout en jetant suffisamment de regards ambigus dans ma direction pour que je finisse par me demander si je constitue leur principal sujet de conversation.

Je choisis de les ignorer et reporte toute mon attention sur le document que je rédige.

Je suis en plein milieu d'une phrase quand je remarque du coin de l'oeil une ombre se percher sur le coin de mon bureau.

Je lève les yeux de mon écran. Ji-ni. Avec, en prime, un sourire hypocrite accroché aux lèvres.

— Alors, dis-moi, c'est quoi ton petit secret ?

De quoi parle-t-elle ? Je prends un moment pour passer en revue les sujets auxquels elle pourrait faire allusion, mais je n'en vois aucun.

— De quoi ? De mon teint de pêche ?

Son sourire se change en rictus.

— Je ne suis pas dupe. Je sens bien que tu caches quelque chose. Et je finirai bien par savoir ce que c'est.

Mon Dieu, mais de quoi cette psychopathe peut bien parler ?

— Tu pourrais être plus claire ? réponds-je en me détournant et en tapant comme une folle sur mon clavier. Mes doigts frappent à toute vitesse dans le désordre. Je ne forme même pas des mots, mais de là où elle se tient, Ji-ni ne peut pas le deviner. À coup sûr, elle ne serait pas impressionnée par mes « keknjzncpz », « cjlezncpép » et « kked,lkk;,lklll. »

— Je parle de Kang Hyeong-sik et toi. Tu joues à un drôle de jeu en ce qui le concerne.

Une micro-seconde, je me fige. Ce fut imperceptible, mais les yeux de fouine de Ji-ni ont parfaitement capté mon hésitation. Et à n'en pas douter, elle va prendre cela pour une confirmation.

Pour la détromper, je décide de fanfaronner :

— C'est quoi le rapport ? Peut-être que c'est notre client et que je travaille sur son dossier (je lève les yeux vers elle et me mets à scander chacune des syllabes) pour le-quel j'ai été ex-pres-sé-ment en-ga-gée. Tu te rappelles ?

Mais Ji-ni n'est pas du genre à se laisser démonter pour un sou. Tel un pitbull, elle revient à la charge :

— Justement. C'est quoi tes liens avec lui ? Vous sortez ensemble ? Tu es sa nièce ? Sa cousine ?

Je prends le temps pour m'écarter de mon écran et la fixer tout en me laissant aller sur mon siège.

— Ça te rassurerait, n'est-ce pas ? Si j'avais été pistonnée, ça te servirait d'excuse pour couvrir ta propre médiocrité. Mais voilà, ce n'est pas le cas. J'ai obtenu ce boulot et lors de la réunion de propositions, mes interventions ont été remarquées. Il était libre à toi de faire pareil. (Je marque une pause et lève un sourcil). Oh, mais attends. Tu as essayé, ça me revient maintenant. Et tu t'es vautrée lamentablement. Le client t'a trouvée tellement chiante qu'il t'a interrompue en pleine présentation. Tu sais comment on appelle ça, Ji-ni ? (Je marque une nouvelle pause avant de lui lâcher à la figure) La sélection naturelle.

Elle plisse les yeux, toutes griffes dehors. L'ai-je vraiment traitée de chiante ? Après tout, elle l'a bien cherché et elle n'a pas choisi le bon jour pour me pousser à bout.

— Toi, t'es morte.

Sa phrase sonne comme une sentence, pour peu on dirait une malédiction lancée par une vieille sorcière.

Je réprime le frisson qu'elle vient de faire courir le long de ma colonne vertébrale et me contente de lui balancer un « Mais oui, c'est ça » avant de me replonger dans mon dossier.

Par sa faute, je vais devoir effacer tous ces mots sans queue ni tête tapés au hasard et reprendre le fil de mes idées.

Je devrais peut-être aussi aller voir un chamane. Je suis sûre que maintenant j'ai besoin d'un talisman.

Le bon point, c'est que l'instant d'après, Ji-ni s'est volatilisée. Et Ji-ah avec. Tout à coup, je me retrouve seule dans la pièce et me sens vide et fatiguée.

Je reste un moment à fixer la page blanche de mon traitement de texte.

Quelle journée de merde.

À croire que je cumule les problèmes en ce moment.

Fichu karma.

Pour peu, j'en croirais presque que j'ai eu une vie antérieure de tueuse en série. Pas d'autre explication possible au fait que tout me tombe comme ça dessus en un seul coup.

Note pour plus tard : aller consulter un chamane.

Mon téléphone se met à vibrer, me tirant de mes pensées.

Je le prends en soupirant.

Un message de Ha-ra apparaît à l'écran.

Elle me propose de la retrouver dans un bar pour « un happy hour d'enfer. »

Quand je vois le nom du bar en question, je crois rêver.

Jycroispas ! Ha-ra vient de décrocher le gros lot. Impossible pour moi de refuser.

Après tout, j'ai bien mérité de me détendre.

Je mets un terme immédiat à la rédaction de mon rapport. Il faut dire que j'ai tout à coup plus urgent : là, j'ai surtout besoin de me refaire une beauté avant d'aller passer une soirée d'enfer à tout oublier.

SEPT

❧

LE BAR où je dois retrouver Ha-ra est un des plus branchés de Séoul. Il a ouvert il y a tout juste deux semaines et est devenu en moins de temps qu'il en faut pour le dire l'endroit le plus cool où passer ses soirées.

La raison ?

Vous ne pouvez pas y entrer à moins d'y avoir une réservation. Et... Il est pratiquement impossible d'y réserver une table, sauf si vous appartenez à la jet set.

Autant vous dire que quand je passe le cordon du videur, j'ai l'impression d'avoir gagné à la loterie.

À l'intérieur, tout respire le luxe et l'argent.

Il est à peine dix-neuf heures et pourtant la soirée bat déjà son plein.

Une jeune femme aux allures de mannequin

m'accueille et me guide jusqu'à la table où se trouve déjà Ha-ra, un cocktail à demi entamé posé devant elle.

Je survole la pièce des yeux, notant la déco branchée et les fioritures légèrement art déco qui finissent de donner une note extrêmement distinguée à l'endroit.

— Comment as-tu fait ? demandé-je à Ha-ra en m'asseyant.

— Un client. J'étais la seule au journal à être à la fois libre et intéressée.

— Incroyable.

Alors que je retire mon écharpe, Ha-ra hèle un serveur aussi beau que branché, lui aussi :

— Une bouteille de soju pour mon amie.

Un court instant, j'ai envie de la corriger. On ne peut pas dire que boire du soju m'ait réussi ces derniers temps, mais je me ravise.

Ce soir, c'est décidé, je décompresse.

— Alors, fait mon amie en se tournant vers moi, comment ça se passe au bureau ?

— Je crois que ça va plutôt bien. J'ai été détachée auprès d'un de nos clients. C'est une société de sécurité privée, tu sais du genre gardes du corps et limousines blindées.

— Wow, commente mon amie. Pas mal pour un début.

Au même moment, comme par magie, une bouteille verte apparaît devant moi. Machinalement, je remplis le verre minuscule qui l'accompagne et, du bout des lèvres, en aspire le liquide.

L'alcool me remet tout de suite les idées en place !

Tout est réuni pour que je passe une soirée incroyable et pourtant... je dois avouer, que ça a un goût de trop peu. Comme s'il manquait quelque chose.

Sans m'en rendre compte, je me remémore ma soirée dans ce bar, avec cet inconnu qu'était alors Hyeong-sik. Sur le moment, je l'avais trouvé gentil, à l'écoute. Rien avoir avec l'homme glacial avec lequel j'avais fini de déjeuner un peu plus tôt dans la journée.

— Eh, oh ! Tu m'écoutes ?

Ha-ra agite ses doigts devant mon visage.

— Excuse-moi.

— Qu'est-ce qui ne va pas, Eun-hee ? C'est Ki-hoon, c'est ça ?

— Non, ce n'est pas Ki-hoon. Pour tout te dire, je l'avais complètement oublié.

— Eh ben, vu ce qu'il t'a fait, il a bien de la chance de bénéficier d'un tel traitement de faveur. Il mérite la mort par mille coupures, comme à l'époque Joseon.

Elle marque une pause et je la sens m'observer.

— Qu'est-ce qui te préoccupe dans ce cas ?

Je soupire. Je n'ai jamais rien caché à Ha-ra et je ne vais certainement pas commencer aujourd'hui. C'est juste que me replonger dans tout ce marasme ne va pas contribuer à me changer les idées.

— Excusez-moi, fait une voix à droite de mon épaule.

Je me retourne et vois une jeune fille me sourire bêtement.

— Je suis désolée, mais je voulais vous demander parce que je n'étais pas sûre. Vous ne seriez pas Woon So-hee ?

Pitié ! Voilà que ça recommençait.

Ha-ra pouffe. Les méprises de ce genre à mon sujet l'ont toujours amusée.

Une fois la fille partie, j'entreprends de tout expliquer à mon amie.

Maintenant, elle me fixe, les yeux ronds.

— Tu veux dire que tu lui as déballé toute ta vie ?

Je grimace, légèrement honteuse :

— J'avais bu et j'étais triste... Mais oui, c'est un assez bon résumé.

— Et maintenant, cette fille, cette Ji-ni, a juré de te pourrir la vie.

Je hausse les épaules, désabusée.

— Je ne crois pas qu'elle puisse faire grand-chose.

— Bon, fait Ha-ra, trinquons !

Elle lève son verre et je l'accompagne.

— À la chiante du bureau qui ne perd rien pour attendre ! s'écrie Ha-ra.

L'alcool aidant, je glousse et mon amie éclate de rire.

— Je n'en reviens pas que tu l'ai traitée de chiante.

— Moi non plus, dis-je les larmes aux yeux.

— En tout cas, tu l'as bien remise à sa place, ça ne doit pas lui arriver souvent.

— Et maintenant, j'ai une ennemie. Elle est quand même ma supérieure, elle est là depuis plus longtemps que moi.

— Oh, Eun-hee, ça, on s'en fiche. Elle ne t'aime pas de toute façon.

Elle marque un temps d'arrêt et à nouveau, je la sens m'étudier.

— En parlant de supérieur, et ce Hyeong-sik ? Parle-moi un peu de lui.

Malgré moi, je me sens rougir.

— Tu sais tout. C'est notre client.

— Non, ce que je veux savoir, c'est : comment il est ?

— Je ne sais pas. Assez normal en fait. Il porte des jeans et des polos.

J'hésite un moment et j'ajoute :

— Et il a une veste en cuir aussi, qui lui va plutôt bien.

— Et physiquement ?

Je me remémore le visage de Hyeong-sik, ses cheveux courts qui sont perpétuellement en bataille, l'éclat métallique de son regard et le sourire bienveillant qu'il m'avait offert au bar.

Je me rappelle aussi autre chose, ce que je lui ai dit ce soir-là.

« Embrassez-moi. »

Lui ai-je vraiment dit ça ? Rien que d'y repenser, je me sens mal à l'aise.

— Il est... plutôt pas mal.

— Mais dis donc, fait Ha-ra en me poussant du coude. On dirait bien qu'il t'a tapé dans l'œil !

— Quoi ? Non, pas du t...

— À d'autres. Je te connais. Je vois très bien quand un homme te plaît.

Et tout à coup, ce fut comme une révélation. C'est vrai, je ne peux pas dire le contraire. Hyeong-sik me plaît. Cet homme m'attire, il dégage une sorte de charme magnétique qui me pousse sans cesse à revenir vers lui, même en pensées.

— Et je suis sûre que tu lui plais, toi aussi.

— Ben voyons.

— Si si. Sinon, il n'aurait pas proposé que tu lui colles au train pour ce projet. Je suis prête à parier que s'il voulait que tu passes toute une semaine en sa compagnie, c'est pour apprendre à te connaître. Parle-moi un peu de cette mission où il ne sera rien de moins que ton garde du corps ?

— Je n'ai pas reçu de détails.

— Oh, rabat-joie.

— Je t'assure.

— En tout cas, ça me rassure de te voir comme ça. Car après le coup que t'a fait ce salaud de Ki-hoon, je pensais que j'allais devoir te ramasser à la petite cuillère. Au lieu de quoi, regarde-toi ! Même Eun-jae en pâlirait de jalousie.

Je souris, bien que je ne sois pas dupe. Ma sœur est si imbue d'elle-même qu'elle est incapable de jalouser qui que ce soit, et moi encore moins.

Une fois rentrée chez moi, requinquée par le moment que je viens de passer avec ma meilleure amie, alors que je songe à nouveau à l'épisode du déjeuner, une idée géniale me traverse l'esprit : je viens de trouver l'argument imparable.

Aussitôt, je saute sur mon téléphone et cherche dans ma mallette les documents qui comportent le numéro de Hyeong-sik.

Trop excitée, je le compose en toute hâte sans même me demander si appeler un client pour lequel je travaille alors que je suis éméchée et qu'il est minuit passé est une bonne idée.

Je tombe sur son répondeur et m'empresse de lui laisser un message alambiqué et confus.

— Monsieur Kang, c'est Eun-hee. Je pensais à vous... Non, ce n'est pas ça, je pensais à notre conversation au sujet des aveugles... Pardon de vos dons à cette société de chiens aveugles... (je me reprends) d'aveugles, je veux dire, ma langue a fourché. Eh bien, je me disais que peut-être, en fait,...

Je me réveille en sursaut.

Je n'ai pas fait ça ! Mon Dieu, dites-moi que je n'ai pas fait ça, que je n'ai pas appelé Kang Hyeong-sik complètement bourrée et me suis laissée à divaguer sur son répondeur.

Or il se trouve que tout me revient très clairement en mémoire.

Je suis morte ! Finie ! Ji-ni va bien se fendre la pêche quand elle apprendra quelle boulette j'ai commise.

Pétard ! J'en suis au point d'utiliser des expressions comme « se fendre la pêche. »

Je me lève prudemment. Étrangement, je n'ai pas la tête qui tourne.

Au même moment, la sonnerie de mon portable se déclenche.

Un appel entrant. Celui des bureaux de Kang Shield Security.

Ça y est, je suis virée.

L'estomac noué et la gorge sèche, je décroche.

— Eun-hee ! Désolée de vous déranger si tôt.

La voix ensoleillée d'Alyssa me parvient, quelque peu irréelle dans mon monde tout gris.

— J'espère que vous n'êtes pas déjà en route.

Je ferme les yeux. Ça y est. Je suis virée.

— Il y a un changement de dernière minute. Hyeong-sik vous attend en dehors des bureaux.

— Quoi ?

— Vous avez de quoi noter ? Je vous donne l'adresse.

Je griffonne ses indications. À peine eus-je terminé qu'elle ajoute :

— Il vous y attend dès que possible.

Je voulus ajouter quelque chose, mais Alyssa avait déjà raccroché, me laissant seule avec les pensées qui se bousculaient dans ma tête.

Qu'est-ce qui allait encore m'arriver ?

Jycroispas !

Je l'ai convaincu !

L'adresse où je dois retrouver Hyeong-sik est celle d'une association consacrée au dressage de chiens d'assistance.

Incroyable. Lui qui paraissait pourtant être du genre à ne pas en démordre et à camper sur ses positions, un petit coup de fil d'une fille éméchée à pas d'heure et hop, le voilà qui change d'avis.

Je monte quatre à quatre les marches qui mènent à la porte de l'immeuble et là, oh surprise !

À travers la porte-tambour en verre, je le vois prendre la pose en serrant la main à un homme plus âgé que lui en costume cravate alors que quelqu'un les photographie.

Je me fige, dévorant des yeux son profil aristocratique, ses épaules larges et son corps musclé que cache à peine sa veste. Le charisme qu'il dégage est à la fois élégant et désinvolte.

Comment fait-il pour être aussi beau alors qu'il n'est pas encore neuf heures du matin ?

Quand je passe la porte et que Hyeong-sik

m'aperçoit, son visage s'illumine.

— Eun-hee, venez !

Il a l'air de bonne humeur.

De plus en plus étrange.

Je m'approche des deux hommes et Hyeong-sik me présente :

— Voici la jeune fille qui a eu l'idée de cette campagne. Eun-hee, je te présente le président Kim Do-il, c'est lui qui dirige cette association.

—Enchantée, dis-je en m'inclinant.

Il me salue poliment. Son sourire est doux et chaleureux.

— C'est donc vous la jeune femme qui est parvenu à faire changer d'avis monsieur Kang ? Eh bien, vous avez fait un sacré travail. Cela fait des années que Hyeong-sik compte parmi nos plus importants donateurs et jamais il n'a voulu aucune publicité.

Mais Hyeong-sik répond à ma place.

— Je n'avais jamais songé au fait qu'annoncer publiquement un don puisse en attirer d'autres.

Je jette un coup d'œil étonné vers Hyeong-sik. C'est vraiment cet argument-bateau qui l'a convaincu ?

Cette association doit vraiment lui tenir à cœur si la seule chose qui l'a fait changer d'avis est la perspective que son geste va contribuer à augmenter les autres donations.

— Mais nous n'allons pas abuser plus longtemps de votre temps, président Kim .

Le président Kim nous salue et quelques minutes plus tard, Hyeong-sik me fait monter dans sa limousine.

Il m'a fait faire tout ce chemin pour me ramener en voiture ?

Alors qu'il vient de refermer la portière sur nous, une ombre passe sur son visage.

— Alors, vous êtes contente ?

Son attitude a changé du tout au tout. Il y a quelques secondes encore, il était tout sourire. Maintenant, il est taciturne, limite agressif.

Je me sens déjà suffisamment intimidée de me retrouver avec lui dans cette voiture, pas la peine qu'il en rajoute.

Je décide de botter en touche.

— Pourquoi m'avoir fait venir ?

— Pour que vous puissiez savourer votre triomphe. Vous m'avez fait changer d'avis et vous redorez mon image.

Le ton qu'il vient d'employer est si sarcastique qu'il est difficile de ne pas prendre ses propos pour une attaque.

— Je ne suis pas votre ennemie et ce n'est pas une compétition. Mais ce que vous avez fait est bien, notamment pour l'association elle-même.

— Inutile de tenter de me revendre votre camelote, vous l'avez déjà fait, en me laissant un message en pleine nuit sur mon répondeur alors que vous avez bu.

Je reste bouche bée face à sa réaction.

Que se passe-t-il au juste ?

Pourquoi s'en prendre aussi soudainement à moi ?

Je me borne à fixer son visage fermé sans me laisser démonter.

— Laissez-moi descendre.

Une lueur d'étonnement passe dans son regard et l'atmosphère dans l'habitacle change subitement.

— Arrêtez cette voiture et laissez-moi descendre.

— Ne soyez pas ridicule.

— Ridicule ?

— Allons, vous n'allez pas me faire une scène. Vous devriez plutôt fêter cela, je suis sûr qu'on a du soju quelque part dans cette limousine, rétorque-t-il en se penchant vers le bar de la voiture.

Il se paie ma tête.

Je ne sais pas ce qui lui prend. Mais ce n'est pas la peine de se montrer aussi vénéneux. Je n'ai pas à endurer ça.

J'actionne la poignée de la portière, sans résultat.

— Il y a une sécurité. Cela ne s'ouvre pas quand la voiture est en mouvement.

— Je veux sortir. Il est hors de question que je vous laisse me traiter comme ça. Si vous avez un problème avec ce que les autres pensent de vous, c'est vous que ça regarde. Inutile de vous venger sur moi parce que vous avez fini par aller vous faire tirer le portrait pendant que vous étiez en « mode généreux. » Je ne vous ai pas forcé, que je sache.

Hyeong-sik me regarde, ahuri.

— Écoutez, fait-il en se massant les tempes de la main droite. Ce n'est pas contre vous...

Je me mets à crier :

— Eh bien, ce n'est pas l'impression que cela donne !

Je m'excite comme une forcenée sur la poignée de la portière.

Il pose alors sa main sur la mienne pour m'obliger à arrêter.

— Eun-hee, calmez-vous. Je suis désolé.

Je retire vivement ma main et me renfonce sur mon siège en grommelant :

— C'est un peu tard pour être désolé.

Cela m'énerve d'autant plus qu'il sait que je ne peux pas m'enfuir et n'ai pas d'autres choix que de l'écouter.

— C'est à cause de mon frère.

Je me contente de croiser les bras et de l'ignorer.

— Song-sik, mon frère, a perdu la vue quand il avait dix ans à cause d'une maladie dégénérative. À cette époque-là, mes parents n'avaient pas d'argent pour acheter un chien d'assistance et la liste d'attente pour en obtenir un était trop longue. Ma mère a quitté son travail pendant un temps, mais adapter le quotidien de Song-sik était trop compliqué. Il était trop jeune pour se débrouiller seul et ma mère ne pouvait pas l'accompagner partout. Et comme sa maladie connaissait des pics de crise, il lui fallait une surveillance constante. Mes parents ont dû se résoudre à le placer dans une clinique spécialisée. Un jour, il a fait une crise d'épilepsie. C'était au début des vacances de Noël et le personnel de la clinique travaillait en équipe réduite. Quand ils s'en sont rendu compte, c'était trop tard. Le pire, c'est qu'on devait venir le chercher le lendemain pour qu'il passe les vacances avec nous. C'est pour ça que je donne de l'argent à cette association. Pour que d'autres enfants comme Song-sik puissent avoir la chance qu'il n'a pas eue.

Sa voix tremble et j'ai les larmes aux yeux.

Je voudrais lui présenter mes excuses, mais une boule dans la gorge m'empêche de dire quoi que ce soit.

Il reprend en se penchant vers moi :

— C'est pour ça que je ne veux pas m'étaler à ce sujet en public. Cela me touche de trop près et j'ai peur que les médias apprennent cette histoire. En faisant ces photos, ça me donnait l'impression de me servir de mon frère pour faire un coup de pub. Pourtant, c'est vous qui avez raison. Si prendre sur moi et rendre public mes dons peut permettre que d'autres fassent de même et que, grâce à cela, même un seul chien d'assistance supplémentaire soit dressé, alors ça vaut tous les sacrifices du monde que je peux endurer.

Ses yeux luisent et je dois me retenir de pleurer.

Sans savoir ce que je fais, je pose mes mains sur les siennes pour le réconforter.

Il inspire profondément puis braque ses yeux sur moi.

— Je ne voulais pas vous mettre mal à l'aise et vous confier tout cela. Je ne voulais pas non plus m'en prendre à vous. Mais vous avez cet effet-là sur moi. Quand vous êtes dans les parages, je me sens vulnérable. Peut-être que cela vient du fait que je sais tout de vous.

Aussitôt, je me hérisse et recule. Il serre ses doigts sur les miens pour m'empêcher de fuir.

— Je ne pense pas que vous me connaissez, dis-je

— Ce n'est pas ce que je voulais dire. Avec vous, il n'y a pas de faux-semblant. Vous ne cherchez pas à être quelqu'un d'autre devant moi. Vous restez vous-même pendant que tous les autres jouent un rôle dès qu'ils se trouvent à proximité de moi, de peur de me déplaire. C'est très épuisant. On finit par se sentir très seul.

C'est surtout que je n'ai pas eu l'occasion de jouer un rôle. Sinon, j'aurais fait comme tout le monde. Mais ça, je ne vais pas le lui dire.

Il poursuit et je sens son souffle me caresser le visage :

— Je n'ai jamais parlé de Song-sik à personne. En dehors de ma famille, tout le monde ignore son existence. Même le président Kim Do-il que tu viens de rencontrer l'ignore.

Il lève les yeux vers moi et nos regards se croisent :

— Tu es la première à qui j'en parle.

Mon cœur bat la chamade.

Mais l'instant d'après, il se détourne, lâche mes

doigts et se recule. Ça me fait le même effet que si on m'arrachait d'un doux rêve.

— Eun-hee, nous sommes arrivés.

Je cligne des yeux en reprenant mes esprits. Il dit vrai. Derrière les vitres fumées de la limousine, je reconnais l'immeuble qui abrite ses bureaux.

Je sens encore ce regard que nous venons d'échanger et ses doigts sur les miens. Mon sang pulse encore à travers tout mon corps. Impossible que ce moment en reste là.

— Il nous faut y aller. Une réunion importante nous attend.

Au moment de sortir de la limousine, ses yeux croisent à nouveau les miens. J'aimerais dire quelque chose, mais j'ignore quoi. L'instant passe. Je prends sur moi et ouvre la portière (enfin débloquée !) de la voiture et nous sortons l'un après l'autre sur le trottoir inondé de soleil.

CHAPITRE
HUIT

∿

LE LENDEMAIN MATIN, je me réveille survoltée.

Je n'arrête pas de repenser à ce court moment d'intimité étrange que j'ai partagé avec Hyeong-sik et tout passe littéralement au second plan.

Je ne me reconnais pas.

Comment un homme peut-il faire vivre de telles montagnes russes à mon petit cœur ?

Et mon début de matinée se déroule dans un état proche du mode zombie. Je n'arrive pas à m'ancrer dans la réalité, c'est comme si je la survolais, que j'en étais spectatrice.

Je passe de l'euphorie au scepticisme.

D'une part, il ne me laisse pas indifférente, mais en même temps ses changements d'humeur et sa froideur soudaine m'effraient un peu.

J'en suis tellement obnubilée que j'en oublie mes soucis. Même penser à Eun-jae ou Tae-hyun me laisse de bois, c'est dire !

Avant d'arriver aux bureaux de Hyeong-sik, je fais un détour par le kiosque à journaux.

Bingo.

Hyeong-sik figure dans un encart noté sur la première page de trois quotidiens nationaux, mais le plus beau, c'est le tabloïd du jour.

Il partage la première page avec une chanteuse à la mode qui démarre sa carrière solo. Sur la couverture en papier glacé, il est accroupi près d'un labrador doré. La photo a dû être prise hier, avant que j'arrive sur place.

Je ne peux m'empêcher de dévorer son visage des yeux. Ce qu'il est craquant avec son sourire franc et ses cheveux en bataille. Même en papier glacé, il dégage un charme naturel et hypnotique. Pas étonnant que la presse people ait fini par se pencher sur le cas d'un garde du corps aussi appétissant.

Mon Dieu, voilà que je commence à avoir des pensées lubriques.

Je m'empresse de payer les magazines que je viens de sélectionner et repars d'un pas léger en direction de l'amour...

... Euh... de Hyeong-sik...

... Enfin, non, ce n'est pas ça que je dois dire. Je repars en direction de mon travail.

J'arrive toute guillerette au septième étage et m'approche de la porte en verre dépoli sur lequel se détache l'inscription nette et presque intimidante.

Kang Hyeong-sik, Directeur

Même lire son nom inscrit sur une porte me fait de l'effet.

Je frappe à la hâte et pousse allègrement la porte dès que j'entends résonner un « Entrez. »

Hyeong-sik est devant son ordinateur. Des mèches de ses cheveux retombent légèrement sur son front et, quand il m'aperçoit, son visage s'illumine.

Mon regard ne peut s'empêcher de glisser vers le col de sa chemise dépourvu de cravate et qu'il a laissé déboutonner.

—Eun-hee, dit-il dans un sourire.

Je m'approche et dépose les journaux sur un coin de son bureau laissé libre.

— Il semblerait qu'on parle de vous.

Il se rembrunit l'espace d'un court instant et je me demande si je n'ai pas commis une gaffe en lui apportant ces coupures de presse. Après tout, que ses dons soient rendus publics, c'est précisément ce qu'il déteste.

Bravo, Eun-hee.

Mais son visage s'éclaire à nouveau et il me sourit franchement.

Je me remets à respirer.

— Il semblerait que tes conseils se soient montrés efficaces. J'en toucherai un mot à Na-yeon.

Je me sens rougir jusqu'à la racine de mes cheveux.

— Ce n'était pas grand-chose. La presse vous aime beaucoup. Il suffisait de leur fournir un sujet précis de conversation. Comme ça, ils éviteront de parler d'autre chose.

— Je n'avais jamais considéré les choses sous cet angle-là.

Il se lève et contourne son bureau de manière à s'approcher de moi.

Son corps est tout près.

Il tend la main vers mon visage et replace une mèche de mes cheveux derrière mon oreille.

Une multitude de frissons explosent un peu partout dans mon corps. Je sens ma peau fourmiller.

Ce geste est tellement intime.

— Parle-moi un peu de toi, dit-il en retirant sa main.

Quoi ?

Non.

Je voudrais qu'il continue. Je n'ai aucune envie de parler.

J'ai envie que ses doigts effleurent ma joue, que sa main s'aventure sur ma nuque, qu'il m'attire vers lui, qu'ensuite il…

La seconde d'après, je reprends mes esprits.

Qu'est-ce qui me prend ?

C'est quoi l'idée ? Le séduire ? Ici ? Dans son bureau fermé par une vitre en verre dépoli alors que n'importe qui peut entrer à tout moment ?

En fait, je dois bien admettre que ça ne me dérangerait pas du tout. Tout ce qui m'importe en ce moment, c'est de le sentir près de moi, de le toucher, de l'embrasser, de…

— Eun-hee, tout va bien ?

Je lui souris.

— C'est juste que je ne sais pas quoi dire. J'ai l'impression de t'avoir déjà tout dit à mon sujet.

— Commence par le début, dit-il en s'installant dans un des fauteuils du « coin salon » de son bureau. Tu te débrouilles bien dans ce travail. Tes idées et la manière dont tu mènes ta mission ici paraissent totalement naturelles. On dirait que tu fais cela depuis des années.

Je me rappelle précisément ce que je lui ai dit ce soir-là, au bar.

« J'ai eu ce boulot in extremis. En fait, ils avaient choisi quelqu'un d'autre et la personne s'est désistée, alors ils m'ont rappelée. Ce n'est pas que mon profil les intéressait spécialement, mais plutôt que la mission est de courte durée. Du coup, ça n'intéresse pas vraiment ceux qui sont qualifiés pour ce travail. Enfin, je ne vais pas me plaindre. Au moins, j'ai décroché un emploi, même si ce n'est que pour quelques mois. Et ça a eu le mérite de clouer le bec de Eun-jae pendant quelques jours. »

— Quand tu auras fini ta mission ici, je ferai une lettre de recommandation à Na-yeon à ton sujet.

Je baisse les yeux.

— Vous n'êtes pas obligé.

— Et si elle ne se décide pas à t'offrir un poste permanent, alors je t'engagerai.

J'écarquille les yeux.

— Ici ?

— Ne crois pas que je te pistonne. Je pense juste qu'avoir quelqu'un capable d'entretenir l'image de Kang Shield Security ne serait pas du luxe. Et tu me sembles être la personne la plus indiquée pour cela.

Je ne sais pas quoi répondre.

En fait, ça fait bien longtemps que personne ne croit plus en moi, alors que cela arrive maintenant, tout à coup, cela me fait bizarre.

Nos regards se croisent et aussitôt je sens tous les atomes de mon corps s'embraser.

En cet instant précis, autant dire que je me fiche de ma carrière comme d'une guigne. J'ai juste envie d'être avec Hyeong-sik.

Il s'en rend compte, car il change de sujet :

— Après la soirée de vendredi, je voudrais t'inviter à dîner.

Mes paupières papillonnent.

C'est quoi ? Un rencard ?

J'ai subitement envie de le penser et de croire Ha-ra quand elle m'a dit « je suis sûre que tu lui plais, toi aussi. »

Est-ce que je pourrais vraiment plaire à un homme comme lui ?

Est-ce que je ne me fais pas juste des films à son sujet ?

— Ta mission concernant Kang Shield Security ne sera pas encore officiellement terminée, mais j'ai envie de passer du temps avec toi et je veux faire les choses bien. Je n'ai pas envie de te faire la cour à la sauvette par souci de discrétion.

Mon cœur manqua un battement.

J'ai bien entendu ?

Me faire la cour ?

Wow. Non seulement Hara a raison, je lui plais, mais en plus aucun homme n'a jamais parlé de « me faire la cour. »

Mon sang s'emballe dans mes veines et j'ai l'impression que mon corps se liquéfie.

Et en même temps, je n'ai pas envie d'attendre vendredi soir. Je n'ai même pas envie d'attendre cinq minutes.

Je me sens attirée par lui comme le serait de la

menue monnaie en présence d'un aimant.

Je n'ai pas le temps de lui répondre que trois coups sont frappés à la porte et que sa secrétaire n'ouvre pour se tenir dans l'embrasure.

— Hyeong-sik, votre réunion de mission commence dans cinq minutes.

Il s'écarte et la remercie avant de me faire signe de le devancer.

— Je te suis, nous sommes censés nous rendre au même endroit.

La réunion porte justement sur la mission de protection de la soirée de vendredi.

Un ministre doit faire une courte apparition lors d'un gala et toute l'équipe de Hyeong-sik discute des détails et de l'horaire de la soirée.

En tout et pour tout, le ministre ne restera sur place que trente minutes, mais cela prend des allures de véritable opération commando.

La raison est que l'homme en question a reçu dernièrement des menaces de mort. Et même si tout le monde pense que c'est probablement infondé (sûrement une des innombrables maîtresses que le ministre, véritable coureur de jupons, a éconduite et qui ne l'a pas supporté), la mission est considérée comme « sensible » et à « haut potentiel de menace. »

C'est d'ailleurs pour cela qu'en plus de ses gardes du

corps habituels, l'homme a souhaité faire appel aux services de Hyeong-sik.

Mon rôle, quant à lui, sera tout à fait insignifiant.

Je devrai juste me contenter de porter une belle robe, de me pomponner et de participer au gala. Hyeong-sik m'accompagnera afin d'assurer un renfort de sécurité si jamais les choses venaient à se compliquer lors de la venue du ministre.

Mais rien de tout cela ne m'inquiète.

Bien que tous autour de la table se montrent sérieux et professionnels, il est assez clair que ce serait jouer de malchance et qu'il arrive quelque chose ce soir-là.

La seule chose positive à en tirer, c'est que si aucune maîtresse maniaque ne décide de passer à l'acte ce soir-là, j'aurai Hyeong-sik pour moi toute seule.

Et rien que d'y penser, la tête me tourne légèrement.

CHAPITRE
NEUF

～

ÇA FAIT trois fois que je change de robe.

Je m'examine dans le miroir et, cette fois, le résultat me plaît. J'ai finalement opté pour une robe vert sombre en soie dont le drapé s'étire jusqu'à mes chevilles et dont le décolleté est plutôt osé. Et pour terminer mon chignon, je fixe une fleur en soie assortie dans mes cheveux.

Pendant que je termine de me préparer, Ha-ra me fait la conversation. Elle est au téléphone et je l'ai mise sur haut-parleur.

— Tu crois que ça ne fait pas un peu trop ? lui demandé-je une fois que j'eus fini de lui décrire ma tenue.

— Certainement pas ! C'est une vraie soirée

mondaine ce gala. Si tu ne mets pas le paquet, tu vas te sentir ridicule.

Tandis qu'elle continue de discuter, j'applique délicatement du mascara sur mes cils.

— Eun-hee, dit tout à coup Ha-ra. Il faut que je te dise quelque chose.

Et au ton de sa voix, je devine que ce qu'elle va me révéler ne va pas me plaire.

— Accouche. Je suis une grande fille, je peux encaisser tes mises en garde. Je sais qu'espérer sortir avec le plus gros client de mon employeur est loin d'être l'idée de l'année.

— Ce n'est pas ça.

Le ton de sa voix trahit sa gêne.

Je me redresse, tous les sens en alerte.

— Tu sais qu'en bas de mon boulot, il y a un Starbucks.

Ce n'est pas une question. Dans le miroir, mon reflet fronce les sourcils.

— Oui, celui où il t'est déjà arrivé de croiser Super-pétasse ?

Super-pétasse étant le surnom que nous attribuons à Eun-jae, ma sœur.

— Oui, justement. Je l'y ai croisée ce matin et figure-toi qu'elle aussi...

Je la coupe, horrifiée.

— Non, ne me dis pas qu'elle sera aussi là ce soir !

Ha-ra marque un temps d'hésitation avant de me répondre :

— Elle a fanfaronné à ce sujet quand nous nous sommes saluées. Je me disais qu'il valait mieux que tu le saches avant de tomber sur elle là-bas.

Je profite du fait que ma meilleure amie ne peut pas me voir pour inspirer profondément.

Voilà, comme toujours, ma peste de sœur se pointe pour me voler la vedette. Pour la première fois de ma vie, je me rends à un gala, à un truc super chic que je ne referai sans doute jamais dans ma vie, et elle, elle trouve le moyen d'y aller aussi.

— Je parie que maman le lui a dit.

— Laisse tomber. Ce qui compte, c'est que tu passes un bon moment avec Hyeong-sik.

Je ferme les yeux et me masse les tempes afin de calmer la migraine que je sens subitement poindre.

— Cette soirée, c'est la tienne, continue Ha-ra. Elle cherche juste à attirer l'attention sur elle, comme d'habitude. Tu ne devrais penser qu'à toi. Je voulais juste que tu le saches, histoire que tu ne sois pas surprise quand tu tomberas sur elle ce soir.

— Tu as raison, on s'en fiche de Eun-jae, conclus-je en attachant mes boucles d'oreilles, de longs pendants plaqués or. Je vais faire exactement ce que tu dis : profiter de ma soirée sans faire attention à elle.

— Profite aussi de ton client, s'exclame Ha-ra en riant.

— Peu professionnel comme attitude, mais ce projet est plutôt séduisant, je l'avoue.

Quinze minutes plus tard, la sonnette de mon appartement retentit.

J'attrape aussitôt mon sac et descends quatre à quatre les escaliers. Enfin, façon de parler. Avec ma robe et mes talons de dix centimètres, c'est plutôt précautionneusement une marche après l'autre.

Quand j'ouvre la porte de l'immeuble, c'est pour trouver Hyeong-sik qui m'attend sur le seuil, un bouquet de fleurs à la main.

Zut ! Je n'avais pas pensé à cela. Il va me falloir tout remonter pour aller les mettre dans un vase.

Il doit lire dans mes pensées, car il me dit :

— On peut les mettre au frais dans la voiture.

Décidément, les concepteurs de limousines ont tout prévu !

— Tu es très belle, ce soir.

Je sens son regard me détailler et encore un peu, j'en sens presque la brûlure.

Lui, par contre, il est à couper le souffle.

Il est rasé de frais et a discipliné ses cheveux rebelles vers l'arrière.

Il porte un ensemble bleu marine sur une chemise noire. Sous sa veste, je devine le renflement de son arme.

Il est à la fois élégant et dangereux.

J'avoue que cette touche un peu bad boy qu'offre son côté garde du corps n'est pas pour me déplaire.

— Allons-y, nous allons être en retard.

Cette fois, je profite du trajet en voiture. Il faut dire que ne pas être en train de se disputer avec lui aide beaucoup.

— Tu te rappelles de tous les détails de la soirée ?

Je plonge mes yeux dans les siens tandis que je lui récite :

— Nous arrivons au début du gala. Une heure plus tard, quand le rituel du tapis rouge est terminé, le ministre arrive. Il fait un rapide discours et s'en va. Il reste sur place en tout et pour tout trente minutes. Une fois qu'il est reparti, nous, on s'amuse !

Il sourit, son regard pétille.

— Quand on dit rituel du tapis rouge, c'est vraiment ce qu'on voit à la télé ?

Il hoche la tête.

— Oui, et tu vas y avoir droit d'ici quelques minutes, dit-il en me montrant du doigt le bout de la rue que l'on aperçoit depuis une des vitres fumées.

Nous roulons au pas. Je ne m'en étais pas rendu compte, mais nous faisons partie d'une procession de limousines. Chacune faisant un arrêt juste devant un tapis rouge qui a été déroulé jusqu'à l'intérieur du théâtre qui abrite le gala. À chaque fois, les voitures de luxe déversent leurs célébrités qui se font immédiatement inonder de flash par la presse présente.

Une foule de badauds se presse contre les barrières de sécurité.

Quand c'est notre tour, Hyeong-sik sort le premier avant de me tendre la main pour m'aider à sortir.

Je peux tristement noter que nous avons droit à quelques photos prises par des photographes distraits. Certains consultent leur liste. Nous ne les intéressons pas vraiment, les maigres clichés qu'ils ont pris de Hyeong-sik avec une inconnue leur suffisent amplement.

J'avoue être un peu déçue.

Nous commençons à nous avancer quand j'entends un cri strident.

— Mamaaaaaannnn ! Regarde, c'est Woon So-hee !

Une petite fille de sept ans agite les bras. Mon Dieu, je la reconnais ! C'est celle de la supérette ! Celle qui a convaincu toutes ses copines que j'étais Woon So-hee.

— So-hee ! IIIciii ! Un selfiiiie !

Aussitôt, c'est comme un électrochoc qui se produit. Les photographes semblent se réveiller en sursaut de leur sommeil et s'empressent d'actionner leur flash pour nous photographier sous toutes les coutures.

Une journaliste hèle Hyeong-sik :

— Monsieur Kang, êtes-vous ici pour le travail ?

Derrière moi, la petite fille continue de m'appeler en faisant de grands gestes pour que je regarde dans sa direction.

Machinalement, je lui fais un petit signe et elle se met aussitôt à sautiller « Elle m'a vue ! Elle m'a vue ! »

Un geste aussi simple suffit à son plaisir.

Alors, sans que je sache pourquoi, sans doute encouragée par la joie communicative de cette fillette, je me dirige vers elle, détache la fleur en soie qui orne mes cheveux et la lui offre.

Elle la prend en tremblant, des larmes plein les yeux. Sous le coup de l'émotion, elle tente de croasser un merci, mais c'est sa mère qui me remercie à sa place.

Je sens alors la main de Hyeong-sik se presser dans mon dos.

Je me rends tout à coup compte de ce que je viens de faire.

De l'autre côté, les photographes crient à tue-tête des « So-hee ! Par ici, So-hee. » Je voudrais aller dans leur direction et leur expliquer que c'est un malentendu, mais Hyeong-sik continue à me presser vers l'entrée du théâtre, me traînant littéralement sur quelques mètres.

Une fois entré, il se tourne vers moi, ébahi.

Je balbutie :

— Je suis désolée, je ne sais pas ce qui m'a pris. Je voulais juste être gentille avec elle.

Au lieu de quoi, alors que je croyais qu'il allait se fâcher, il éclate de rire.

— Toi alors ! Maintenant, ils vont tous écrire que je sors avec une actrice à la mode.

À ces mots, j'écarquille les yeux.

— Na-yeon, dis-je. Elle va me tuer. Je viens de foutre en l'air toute ma mission. On va m'accuser de vol d'identité et me coller un procès !

Hyeong-sik rit de plus belle.

À croire que c'est tordant d'être convoqué au tribunal.

— Je ne crois pas, non. Quand leur rédaction va se rendre compte qu'ils ont photographié une inconnue, ce sera vite oublié. Tu connais les rouages de la presse mieux que moi pour le savoir.

Il a raison. Impossible qu'un rédacteur en chef de magazine people laisse passer un truc aussi gros.

Rassérénée, je me mets à rire à mon tour et la situation ne tarde pas à tourner au fou rire.

— Je vais nous chercher à boire, dit-il en tentant de calmer son rire. Cela nous fera du bien.

Je me retrouve à peine seule qu'une voix familière s'élève dans mon dos :

— Eun-hee ?

Je me retourne et me retrouve face à face à ma Némésis, autrement nommée Eun-jae.

Ma soeur a toujours eu le chic pour tomber pile au moment où j'ai le moins envie de la voir.

Elle se matérialise devant moi comme par magie. Elle porte une robe échancrée couleur rubis qui lui va évidemment comme un gant.

Je tente d'esquisser un sourire, mais les muscles de mon visage refusent délibérément de m'obéir.

Surprise de me voir, Eun-jae part directement à l'attaque :

— Ha-ra ne m'a pas dit que tu serais là. Qui t'a invitée ?

J'ai dû mal à deviner si son ton est indigné ou méprisant. Sans doute un mélange des deux.

Avant que je puisse répondre, Hyeong-sik réapparaît en brandissant deux coupes de champagne.

À peine m'a-t-il tendu la mienne qu'il se présente à ma soeur.

— Je m'appelle Hyeong-sik, je suis un ami.

Ami.

Il a bien dit ami.

Et il l'a dit d'une façon qui laisserait supposer que, peut-être, nous pourrions être plus « qu'amis. »

Un court instant, les yeux de Eun-jae papillonnent avant de le détailler de haut en bas.

J'en suis certaine, elle est en train de scanner les probabilités :

1. Hyeong-sik est vraiment un ami ;
2. Hyeong-sik est en réalité un petit ami ;
3. Il se trouve ici, donc il est peut-être célèbre ;
4. Il se trouve ici, donc il connaît ou travaille pour quelqu'un de célèbre ;
5. Il est serveur et c'est sa pause.

Je peux presque voir les rouages de son cerveau s'agiter sous son crâne.

— Eun-jae, répond-elle en lui serrant la main. Je suis la sœur de Eun-hee.

À son attitude, je devine qu'elle a opté pour les réponses 1 et 4 avec comme numéros complémentaires 2 et 5.

Mais ce qui est encore plus intéressant, c'est la manière dont Hyeong-sik se redresse au moment où il entend Eun-jae. Il vient de marquer un imperceptible temps d'arrêt pour l'étudier.

— Eun-hee ? Quelle Eun-hee ? dit Tae-hyun en surgissant derrière nous.

Il se tourne, me dévisage et là, l'expression qu'il arbore au moment où il me reconnaît vaut de l'or.

Il aurait eu un panneau clignotant sur le front où il y aurait écrit « Qu'est-ce qu'elle fiche ici, celle-là » que c'en serait revenu au même.

La seconde d'après, il s'est repris et arbore son sourire mielleux.

— Tae-hyun ! s'exclame ma sœur. Eun-hee est venue avec un ami.

— Je vois cela, dit-il avec un sourire de vendeur de voitures prêt à vous rouler. Tu es là pour le travail, Eun-hee ?

Hyeong-sik ne me laisse pas le temps de répondre. Il se penche vers moi et me demande avec un imperceptible clin d'œil :

— Vous les connaissez, mademoiselle Woon ?

J'en reste un instant sans voix avant de me mettre à jouer le jeu :

— Pas le moins du monde.

— Quoi ? croasse ma soeur. Que...

— Je suis désolé, la coupe Hyeong-sik d'un ton professionnel, mais je ne peux pas vous laisser importuner mademoiselle Woon.

— Comment ? Mais c'est ma sœur, s'exclame Eun-jae, confuse.

Tae-hyun lui attrape le bras :

— Chérie, réfléchis. Jamais Eun-hee ne serait invitée dans ce genre de soirée. Ça doit être cette actrice à laquelle elle ressemble.

Le ton condescendant qu'il vient d'utiliser me met hors de moi. Et je vois que Hyeong-sik l'a aussi remarqué.

— C'est vrai, dit ma sœur sans trop y croire.

Elle se tourne vers moi, pas trop convaincue, mais le doute qui s'est immiscé dans son esprit suffit à ce qu'elle décide de jouer la prudence :

— Je suis désolée, mademoiselle Woon. Je vous ai confondue avec quelqu'un d'autre.

Elle est rouge de honte, je ne l'ai jamais vue comme ça.

J'éclate de rire et Hyeong-sik s'efforce de garder son sérieux.

Eun-jae fronce les sourcils et Tae-hyun tente de maintenir sa contenance.

— Tu as vraiment cru que j'étais Woon So-hee ?

Se rendant compte de sa méprise, ma sœur se reprend rapidement.

— C'est malin, grimace-t-elle.

— Tu devrais t'excuser, ajoute Tae-hyun.

Cette dernière remarque a pour effet d'augmenter mon fou rire.

— Vous devriez voir vos têtes, dis-je les larmes aux yeux. Ça vaut de l'or.

Les personnes autour de nous nous jettent des regards intrigués, ce qui achève de mettre Eun-jae et Tae-hyun mal à l'aise.

Quand nous je parviens enfin à reprendre mon sérieux, Tae-hyun revient à la charge et me demande :

— Rappelle-moi ce que tu fabriques, ces temps-ci ?

Je rougis légèrement.

— Assistante en relations publiques.

— Ah oui, c'est ça.

Il se tourne vers Hyeong-sik :

— Et vous ?

Il a demandé cela sans aucune forme de politesse. Du Tae-hyun tout craché.

— Moi, fait Hyeong-sik avec un sourire. Je veille au grain.

Et d'un mouvement souple, il déboutonne sa veste

de costume, de manière à laisser apparaître sa ceinture de son holster.

Tae-hyun déglutit aussitôt.

— C'est un vrai ?

Ben, non, c'est un jouet, pensé-je.

— On ne peut plus vrai.

Je regarde Eun-jae et son mari, ils ne savent plus quoi penser. Ils se demandent si nous nous payons encore leur tête.

— Et qui protégez-vous ? demande ma sœur avec espoir,maintenant qu'elle a compris ce que Hyeong-sik fait à la soirée.

Et je sais déjà ce qu'elle a en tête. Elle se dit que Hyeong-sik pourrait bien lui présenter l'une ou l'autre célébrité.

— Votre sœur, répond Hyeong-sik avec nonchalance.

Eun-jae reporte son attention sur moi sans comprendre. Tae-hyun, quant à lui, tente de réprimer un rire moqueur.

— Eun-hee ? Ou la fausse mademoiselle Woon ?

Il retombe vite sur ses pattes, le bougre.

Hyeong-sik se penche vers Eun-jae en me glissant un regard entendu.

Je n'ai pas la moindre idée de ce qu'il compte faire.

— Ne le répétez pas, mais si votre sœur est là, c'est en rapport avec la venue du ministre. Je suis là pour m'assurer qu'il ne lui arrive rien.

Eun-jae se tourne vers moi :

— Tu travailles pour le ministre ?

— Euh, c'est-à-dire...

— Mais tu ne m'as rien dit !

De son côté, Tae-hyun se dandine d'un pied sur l'autre. Il n'a pas l'air de suivre la direction que prend la conversation.

Et j'avoue que moi non plus.

— Si Eun-hee ne vous a rien dit, ajoute Hyeong-sik à l'intention de ma sœur, c'est parce qu'elle a signé une clause de confidentialité. D'ailleurs, je vous en ai déjà trop dit. Si vous voulez bien nous excuser.

Et sans attendre sa réponse, il me prend par le bras et les plante là.

À nouveau, j'ai envie de rire.

C'est la première fois que je vois quelqu'un remettre ma sœur à sa place en lui jouant un tour.

Et Hyeong-sik l'a fait si habilement qu'il n'a même pas pu attirer ses foudres.

Cet homme est mon héros !

Il se tourne vers moi, le sourire aux lèvres.

— Hyeong-sik, dis-je. C'était...

J'ai du mal à trouver mes mots.

Il ajoute :

— Une douce revanche ?

— Oui, c'est exactement ça. Je n'ai jamais osé faire tourner Eun-jae en bourrique. Et encore moins Tae-hyun. Généralement, tout le monde les vénère à un point tel que je ne peux que m'écraser et attendre que ça passe.

Il lève les yeux au ciel.

— Ils sont surtout ridicules.

À nouveau, je pouffe de rire. Mais Hyeong-sik ne me suit pas dans cette direction, au contraire, il se fige. À son air concentré, je devine qu'il reçoit un message dans son oreillette.

Ses yeux sombres accrochent les miens.

— Le ministre vient d'arriver, me signifie-t-il.

~

LE TEMPS d'un claquement de doigts, Hyeong-sik s'est transformé en une sorte de machine à protéger.

Les sens en alerte, le visage sérieux, le regard qui fouille chaque centimètre carré... Le voir à l'œuvre est impressionnant.

Nous sommes à présent mêlés à la foule dans la salle de réception du théâtre. Autour de nous, des femmes en robe de soirée et des hommes élégants se saluent et boivent à petite gorgée leur champagne tout en racontant mille et une petites anecdotes.

Des serveurs présentent des petits fours ici et là.

Pendant ce temps, Hyeong-sik reste concentré. À son silence, je suis sûre qu'il est à l'écoute des propos échangés par son équipe dans son oreillette.

De temps à autre, il murmure quelque chose à leur

intention. Mais hormis cela, il serait facile de le confondre avec une statue.

Pour peu qu'une statue puisse rendre sa ressemblance avec un prédateur prêt à bondir au moindre imprévu.

Car c'est bien à cela qu'il ressemble : à un fauve. À la fois beau et animal. Élégant et dangereux.

Et cela ne me laisse pas indifférente, car je sens mon coeur battre de plus en plus fort dans ma poitrine.

Puis, la soirée commence.

Un homme monte sur l'estrade placée à l'avant de la pièce et salue la foule.

Il présente la soirée. Explique le thème du gala et pourquoi il a été organisé (Oh, surprise ! C'est pour lever des fonds pour une association, qui s'en serait douté ?).

À ces mots, je sens Hyeong-sik irradier d'une colère contenue à mes côtés.

Et subitement, je comprends ce qu'il m'expliquait quelques jours plus tôt.

Les gens ici se fichent bien de savoir quelle cause ils soutiennent. Cela les indiffère totalement. Ce qui importe pour eux en ce moment, c'est d'être vus, d'être là (car votre présence ici prouve que vous avez de l'argent, du pouvoir, mais aussi que vous êtes généreux). Ils sont en réalité accrochés à leur apparence et au qu'en-dira-t-on.

La bonne cause en question n'est qu'un prétexte, une

façade pour justifier une sortie chic au cours de laquelle chacun boit du champagne hors de prix et déguste des amuse-bouches préparés par un traiteur tout aussi hors de prix.

J'ai beau savoir que les coûts d'une telle soirée sont une sorte d'investissement, car quasiment toutes les personnes présentes ici feront un don (et il est plus que probable qu'il sera conséquent, histoire de saisir consciemment ou inconsciemment l'occasion de montrer qu'ils ont de l'argent et qu'ils sont généreux), je ne peux m'empêcher de penser que si ces personnes étaient honnêtes et soucieuses des autres, elles n'auraient pas besoin de telles soirées pour faire le bien.

Elles pourraient tout à fait se contenter d'un champagne moins chic, voire d'un mousseux. Et les bouchées apéritives pourraient être industrielles.

Mais, évidemment, si vous partiez dans cette direction-là, vous ne les inviteriez qu'une fois. L'année suivante, ils préféreront tous participer à une autre soirée moins plouc que la vôtre.

Le seul moyen qui passerait, ce serait si quelqu'un de très influent les invitait à une soirée typiquement et volontairement « beauf. »

Là, peut-être que cela marcherait. Mais pour cela, il faudrait être un Prince, une star internationale ou le Président.

Rien que ça.

Là, tout le monde viendrait à votre soirée caritative

« cheap » chaque année, juste parce que c'est vous et que faire partie des personnes que vous invitez est bien plus important que l'étiquette bas de gamme de la bouteille de mousseux.

Je me perds dans mes pensées alors que devant moi, le ministre vient d'achever son discours et repart de son côté. Son intervention a duré en tout et pour tout moins d'une dizaine de minutes.

Tout à coup, Hyeong-sik m'attrape le bras. Ses doigts se referment solidement sur ma peau.

— Partons d'ici, j'ai besoin de prendre l'air.

Sans me laisser le temps de répondre, il m'emmène à sa suite.

Alors qu'il parcourt les couloirs d'un pas vif, je trottine derrière lui. Ce qui est loin d'être facile en hauts talons.

— Ça va ? Demandé-je sans qu'il ne daigne répondre ni ralentir l'allure.

Nous parcourons plusieurs couloirs, empruntons deux escaliers et quand enfin nous atteignons le toit du bâtiment, je suis à bout de souffle.

— Le toit ?

Le visage fermé, Hyeong-sik pousse la lourde porte coupe-feu :

Je cligne des yeux, éblouie par le soleil couchant.

Mais ce n'est pas tout. La plate-forme est illuminée

par des guirlandes de lanternes et une table pour deux est dressée.

Je fronce les sourcils.

— Qu'est-ce que...

Je n'ai pas le temps de terminer ma phrase que Hyeong-sik se tourne vers moi et me prend la main.

Son regard, sombre et intense, plonge dans le mien.

— Je ne sais pas trop comment te dire ça, mais depuis ce soir-là où je t'ai rencontrée dans ce bar, je ne fais que penser à toi. J'ignore si c'est parce qu'en l'espace d'une soirée j'ai pratiquement tout su de ta vie, mais à chaque fois que je suis avec toi, j'ai l'impression que je peux être moi-même. Je n'ai jamais ressenti cela avant. Pour personne.

Je le dévisage, ébahie, mon cœur faisant mille cabrioles dans ma poitrine.

— Moi... ? Depuis... ? Alors que je me suis conduite comme une poivrote ?

Il fait un pas vers moi, réduisant dangereusement la distance qui sépare nos deux corps.

Un éclat sauvage traverse son regard.

— Tu n'avais rien d'une poivrote. Tu étais triste et déboussolée. Cela m'a donné encore plus envie de prendre soin de toi.

Je frissonne.

Ses doigts enlacent toujours les miens et, avec son autre main, il caresse délicatement ma joue.

Jycroispas !

Mon cœur est sur le point d'exploser et je vais être la première fille de l'histoire qui va mourir avant d'avoir pu embrasser l'homme qu'elle aime !

Il se penche doucement son visage vers le mien.

Il me dévore des yeux.

— Si tu souhaites m'arrêter, c'est maintenant.

Sa voix est grave, légèrement rugueuse à cause du désir qui l'habite.

L'arrêter ?

Jamais de la vie, Bon Dieu qu'est-ce qu'il attend ?

Un battement de cœur plus tard, ses lèvres effleurent les miennes tandis qu'il passe nos mains entremêlées dans mon dos pour m'amener contre lui.

J'ai le souffle coupé tandis que je me perds totalement dans notre baiser.

Son parfum et la chaleur de son corps que je perçois à travers ses vêtements me grisent totalement.

Plus rien n'existe en dehors de nous. Plus rien ne compte tandis que je me fonds dans son étreinte et qu'il approfondit notre baiser.

ÉPILOGUE

~

JE SUIS SUR UN NUAGE.

Non, je suis au Paradis.

Mieux : je suis amoureuse.

Et j'ai envie de le crier au monde entier, de sortir, de me mettre au milieu de la rue, les bras en croix et de crier :

— Je...

Suis...

Amoureuse !

Mais au lieu de me comporter comme tante Ae-lys et de finir au poste de police pour comportement perturbant l'espace public, je me contiens et me rends en sautillant à mon travail.

Aujourd'hui, je regagne les bureaux de Star Media & Strategies. Je dois présenter un rapport de ma mission et faire le point sur les retombées presse du don fait par Hyeong-sik à l'association consacrée aux chiens d'assistance.

Pour ça, je me rends, joyeuse, vaporeuse, heureuse... en trottinant jusqu'au kiosque à journaux, jusqu'à ce que...

Jycroispas !

Là, sur tous les tabloïds, mon visage s'étale en première page !

Merde.

Catastrophe.

Mon coeur rate plusieurs battements.

J'ai du mal à lire les gros titres.

Ils... Ils... m'ont tous prise pour Woon So-hee.

Les implications de cette méprise déferlent sur moi et en l'espace d'une seconde je passe de l'allégresse la plus totale aux larmes au bord des yeux.

Na-yeon va me tuer.

Je vais perdre mon travail.

L'agence de la vraie Woon So-hee va me faire un procès.

Ses fans et les netizens vont me harceler sur internet, ils vont créer des mèmes sur moi.

Même dans dix ans,quand on tapera mon nom dans un moteur de recherche, c'est tout ce qu'on retiendra de moi.

Eun-jae et Tae-hyun vont en rajouter à chaque fois que je les verrai, pendant des mois, voire des années.

Chaque Noël, j'aurai droit à « Vous vous rappelez la fois où... »

Mon cerveau me hurle de fuir, de faire demi-tour, de rentrer chez moi et de me cacher sous ma couette pour pleurer de tout mon saoul au fond de mon lit. Et de ne jamais ressortir.

Mais je sais que je ne peux pas faire ça.

Comme un automate, je prends les journaux et les paie au marchand.

Je les serre étroitement contre moi de peur que quelqu'un puisse entrapercevoir le bord des Unes.

Quand j'arrive à l'étage de Star Media & Strategies, on me jette des regards en coin (certains semblent même horrifiés) et les murmures cessent comme par magie dès que j'apparais au détour d'un couloir.

Je transpire, j'ai la nausée et ma tête tourne.

J'arrive à mon poste et j'entends Ji-ni ricaner avec Ji-ah. Elles ne cachent même pas le fait qu'elles s'amusent à mes dépens.

Pour elles, je suis déjà grillée, pourquoi faire preuve de compassion ou de décence ?

Je m'assieds devant mon ordinateur alors que je porte encore ma veste et les magazines serrés contre ma poitrine.

Na-yeon passe la tête par l'embrasure de la porte et me foudroie du regard.

— Réunion dans dix minutes, dans la grande salle.

Et elle disparaît aussi vite qu'elle est apparue tandis que Ji-ni et Ji-ah continuent de pouffer.

Soudain, une vague de rage s'empare de moi.

Ce n'est pas juste.

Rien de tout cela n'est ma faute.

Je n'ai fait que mon travail.

Tout tourne maintenant au vinaigre parce que des idiots de paparazzi ont cru une fillette qui criait « Woon So-hee. »

Et les rédacs-chef de tous ces torchons n'ont visiblement pas les yeux en face des trous, car ils ont validé leur erreur.

Ou tout simplement ils ont vu ce qu'ils voulaient voir.

Je soupire.

Je n'ai pas à payer parce que les autres font des erreurs.

Je n'ai pas à payer parce que mon visage ressemble à celui d'une autre.

D'ailleurs, si ça se trouve c'est son visage qui ressemble au mien.

Tout le monde le sait, les actrices font toutes de la chirurgie esthétique. Si son agence me fait un procès, je les menacerai de demander des photos de son enfance pour voir si ce n'est pas elle qui se serait fait refaire le portrait pour ME ressembler !

Mais je ne me voile pas la face.

Je sais que c'est inutile et que la situation est inextricable.

On va me menacer, me mettre sous pression, me demander justifications et démentis.

Cette méprise va faire du tort à Star Media & Strategies. Ils vont peut-être même perdre des clients à cause de moi.

Et s'ils me demandaient des dommages et intérêts ?

Et Hyeong-sik ?

Il ne voudra plus me voir après ça.

Non, c'est moi qui ne voudrai plus le voir, pour pas que tout ce qui s'apprête à me tomber dessus n'entache sa réputation.

J'en ai les larmes aux yeux.

Ma vie était si belle il y a encore quelques heures et maintenant je suis plongée en plein cauchemar.

Ji-ni et Ji-ah rassemblent leurs carnets de notes et passent triomphalement devant moi.

Ji-ni me lance :

— Tu viens, So-hee ?

Et Ji-ah éclate de rire.

Salopes.

Je les laisse prendre de l'avance et, la mort dans l'âme, me lève à mon tour.

Je suis prête pour monter sur l'échafaud.

Quand j'entre dans la salle de réunion, le brouhaha ambiant cesse aussitôt et tous les yeux se tournent vers moi.

C'est dingue ce qu'on peut lire dans un regard. De la gêne, de la tristesse, de l'indifférence, de l'indignation (Na-yeon), de la joie malsaine (Ji-ni et Ji-ah).

Je prends place en soupirant. Mon corps me semble tout à coup terriblement lourd.

— Bien, dit Na-yeon en se levant. Nous allons devoir faire face à ce qui pourrait bien être une crise majeure pour l'agence...

La porte s'ouvre à la volée et Hyeong-sik apparaît.

Na-yeon en reste bouche bée. Plus personne ne respire dans la pièce.

Et moi non plus.

Va-t-il s'en prendre à moi, lui aussi ?

— Monsieur Kang ?

— Je tenais à être présent. Après tout, une fois de plus, vous pouvez voir à quel point la presse à scandales dépasse les bornes. Ils ne vérifient plus rien, pas même l'identité des gens qu'ils prennent en photo. C'est exactement ce qu'ils font avec moi et mes employés quand ils nous photographient en plein travail pour sous-entendre que nous sommes tous... disons-le... une sorte d'agence d'escort boy déguisée.

Na-yeon a l'air d'avoir avalé de travers.

— Monsieur Kang...

Mais Hyeong-sik prend déjà place.

—Je suis ici en tant que client et je veux savoir comment vous allez gérer tout ceci, car après tout cela me concerne. Je me trouve aussi sur ces photos.

Na-yeon reste interdite quelques instants. Puis elle pose les yeux sur moi.

Sa rage a laissé place à de l'indécision.

Je me remets à respirer. Avec un peu de chance, je ne serai pas licenciée aujourd'hui.

Na-yeon se tourne ensuite vers les autres participants à la réunion.

— Bien, dit-elle. J'écoute vos idées.

Dans un premier temps, personne n'ose prendre la parole. Puis, la seconde d'après, c'est une véritable cacophonie.

Tout le monde parle en même temps.

Il est question de démentis, d'action en justice, de me virer pour l'exemple (ça, c'est Ji-ni qui vient de le proposer), que j'aille m'agenouiller toute une matinée devant l'agence de Woon So-hee avec une pancarte bardée d'excuses autour du cou (ça, c'est la suggestion de Ji-ah).

Alors que tout est en train de virer au cauchemar, un homme ouvre subitement la porte de la réunion.

À nouveau, le silence retombe sur l'assemblée.

Il tient un papier qu'il tend à Na-yeon.

Celle-ci le lit, fronce les sourcils avant de reporter son attention sur moi. Geste qui n'échappe à personne.

Je déglutis.

Qu'est-ce que c'est encore que ça ?

Na-yeon se racle la gorge et reprend la parole.

— J'ai ici un email du chargé de relations publiques de Woon So-hee.

Je crois que je vais mourir.

— Il dit en substance que l'actrice a apprécié le geste de notre employée pour cette petite fille quand elle a offert la fleur qu'elle avait dans ses cheveux alors que tous les paparazzi la prenaient pour quelqu'un d'autre.

Na-yeon marque une pause, visiblement troublée.

— Il ajoute que toute publicité est bonne à prendre pour sa cliente et que mademoiselle Woon souhaiterait même que Eun-hee s'occupe personnellement de sa représentation en termes d'image pour le marché international.

Jycroispas !

Na-yeon ajoute à mon intention :

— Je crois que je dois vous féliciter, mademoiselle Park. Vous venez de nous faire gagner un second client en moins de dix jours.

Aussitôt, Hyeong-sik se met à applaudir et son geste est repris par toute la salle, même si je vois bien que Ji-ni et Ji-ah font semblant.

Puis la salle de réunion se vide progressivement. Je suis trop abasourdie pour me lever. Il ne reste maintenant que Na-yeon, Hyeong-sik et moi.

— Eun-hee, je vous donne votre journée. Vous l'avez

bien mérité, mais surtout (elle élève la voix en me regardant par en-dessous), ne me refaites jamais ça !

D'un pas vif, elle s'empresse de sortir alors que Hyeong-sik et moi nous levons.

— Parfait ! dit-il. Je t'emmène.

Je l'accompagne vers la sortie. J'ai toujours mon manteau sur le dos et mes magazines pressés contre moi.

Je suis trop secouée pour lui demander « où ? »

Ce n'est qu'une fois à l'air libre, au pied de l'immeuble que la vérité me frappe comme une révélation.

— Tu étais au courant !

Il se tourne vers moi, pince-sans-rire.

— De quoi m'accuses-tu?

— Que Na-yeon allait recevoir ce message.

Il m'attire contre lui. Une bouffée de son parfum parvient jusqu'à moi. Je meurs d'envie de l'embrasser.

— Il se trouve que Woon So-hee fait partie de nos clients VIP. Je la connais personnellement. Cela n'a pas été difficile de la convaincre.

— Quoi... ?!

Il me caresse la joue.

— Non, c'est « Merci » que tu dois dire.

Au lieu de quoi, sans réfléchir, je pose mes lèvres sur les siennes.

La rumeur de la ville nous englobe, le monde

continue de tourner, ma vie ne s'est pas écroulée et j'ai survécu à cette matinée.

Tout cela grâce à Hyeong-sik.

Et je ne suis pas prête à le lâcher.

— Allez, viens, dit-il. J'ai envie de passer du temps avec toi, mais pas ici.

Il me fait alors un clin d'oeil et ajoute :

— Et puis, imagine si un paparazzi nous prend en photo en train de nous embrasser, on aura un autre scandale à gérer.

Je ris, les larmes aux yeux.

Je me sens si bien avec lui.

Ma vie ne pourrait être plus belle.

MERCI D'AVOIR LU « SOJU, EMBROUILLES ET QUIPROQUOS ! »

À DÉCOUVRIR
MARIÉE À UN PRINCE IMPÉRIAL

Chine ancienne, le prince Sun Zhe Yan, le plus sanguinaire des fils de l'ancien empereur, doit absolument redorer la réputation de sa famille afin d'assurer le trône à son frère aîné.

Pour y parvenir, il fait chanter un des ministres les plus influents de la cour : si celui-ci veut que ses secrets restent bien cachés, il doit lui offrir sa fille.

Mais le ministre Liang a plus d'un tour dans son sac : afin de préserver sa cadette adorée d'un tel mariage, il décide de sacrifier Mei Xin, l'autre de ses filles, celle qui a été déshonorée par un autre homme quelques années plus tôt.

Mei Xin se retrouve ainsi contrainte d'épouser un homme dont le seul nom suffit à faire frémir toute la capitale...

❧

CE QUE DISENT LES LECTEURS
MARIÉE À UN PRINCE IMPÉRIAL

Cette histoire est très palpitante, j'adore !

— MINA21, LECTRICE SUR NEOVEL

Que voilà un beau chapitre ! Ta plume nous fait vibrer et partager le drame que vit Mei Xin. Trois hommes dans sa vie qui imposent tour à tour leur loi au gré de leurs envies, leurs caprices et plans machiavéliques. La société n'est décidément pas tendre avec les femmes soumises au bon vouloir des hommes. J'attends la suite avec impatience.

— WHITEPEONY, LECTRICE SUR NEOVEL

J'ai beaucoup aimé ce web novel. Et je suis toujours à l'affût d'un nouveau chapitre. J'aime les personnages, leurs histoires d'amour, les aventures qu'ils vivent. L'histoire est bien amenée. Et à chaque fois, je ne m'attends jamais à ce qui arrive. Continuez à nous faire voyager. Merci !

— LAFIFOU, LECTRICE SUR NEOVEL

Que d émotions ! Crispation, sourire, curiosité… bref j'ai aimé l'intrigue en plus la découverte de certaines choses sur la Chine.

Une histoire incroyable et une belle implication de l'auteure qui ce ressent dans la lecture. Je vous remercie <3

L'auteur est assez exceptionnel, ces textes en témoigne largement. Ce livre mérite une adaptation au cinéma !

À DÉCOUVRIR

DANS LES BRAS DE MON ENNEMI

Goguryeo, 645.

La princesse Muyeong a survécu miraculeusement au coup d'état orchestré en 642 par le général Yeon Gaesomun.

Depuis, elle n'a qu'un objectif : se venger de Yang Manchun et Yeon Gaesomun, les deux hommes qui lui ont arraché ceux qu'elle aimait.

Aussi, quand Gaesomun se met en quête d'une fille adoptive afin de contraindre Yang Manchun à un mariage politique, Muyeong y voit l'occasion rêvée d'assouvir sa vengeance.

Mais c'est sans compter que Yang Manchun perce rapidement le secret de sa nouvelle épouse…

#Romance #Commandant #Vengeance

Pour commencer à le lire tout de suite, rendez-vous sur :

www.shinyanro.com

À DÉCOUVRIR
PEERLESS EVIL DEMON MASTER

Alors que la Chine est encore une terre de légendes, les destins de deux jeunes cultivateurs vont se retrouver immanquablement liés.

#Bromance #Aventure #Xianxia

Pour commencer à le lire tout de suite, rendez-vous sur :

www.shinyanro.com

À PROPOS DE L'AUTEUR

J'aime donner vie aux histoires qui hantent mon imagination.

Fan de Kdrama et de Cdrama, je situe la plupart de mes intrigues dans un contexte historique asiatique.

Si vous aimez les romances peuplées de princes sexy, de luttes pour le trône et de combats à l'épée, mes novels sont faits pour vous !

Pour les découvrir et les lire tout de suite, rendez-vous sur :

www.shinyanro.com

Milton Keynes UK
Ingram Content Group UK Ltd.
UKHW010724190224
438095UK00001B/28